T0273041

THE BRINDLED CAT
AND THE NIGHTINGALE'S TONGUE

Louis de Paor was born in 1961 in Cork. He is one of Ireland's leading Irish language poets, and was a key figure in the renaissance of writing in Irish in the 1980s and 90s, co-editing several editions of the influential poetry journal *Innti* with Michael Davitt. He spent time as a lecturer in Cork and Limerick before moving to Australia in 1987, where he worked in local and ethnic radio in Melbourne and taught evening classes in Irish language and literature. He returned to Ireland in 1996 and worked as proof editor of the Irish language newspaper *Foinse* before being appointed Director of the Centre for Irish Studies at NUI Galway in 2000. Four of his collections in Irish have been awarded the Oireachtas/Ó Ríordáin Prize for the best book of poems in Irish in the year of their publication.

His most recent bilingual editions of his own poetry are *Ag greadadh bas sa reilig / Clapping in the cemetery* (Cló Iar-Chonnacht, 2005), *agus rud eile de / and another thing* (Cló Iar-Chonnacht, 2010), and *The Brindled Cat and the Nightingale's Tongue* (Bloodaxe Books / Cló Iar-Chonnacht, 2014).

LOUIS DE PAOR

The Brindled Cat
AND THE
Nightingale's Tongue

TRANSLATED BY

LOUIS DE PAOR
with **KEVIN ANDERSON**
BIDDY JENKINSON
MARY O'DONOGHUE

BLOODAXE BOOKS

Copyright © Louis de Paor 2005, 2010, 2014
Translations © Louis de Paor, Kevin Anderson,
Biddy Jenkinson, Mary O'Donoghue 2005, 2010, 2014

ISBN: 978 1 78037 109 2

First published in 2014 by
Bloodaxe Books Ltd,
Eastburn,
South Park,
Hexham,
Northumberland NE46 1BS,
in association with
Cló Iar-Chonnacht
Indreabhán
Contae na Gaillimhe
Éire

www.bloodaxebooks.com
For further information about Bloodaxe titles
please visit our website or write to
the above address for a catalogue.

Supported using public funding by
ARTS COUNCIL
ENGLAND

LEGAL NOTICE
All rights reserved. No part of this book may be
reproduced, stored in a retrieval system, or
transmitted in any form, or by any means, electronic,
mechanical, photocopying, recording or otherwise,
without prior written permission from Bloodaxe Books Ltd.

Requests to publish work from this book
must be sent to Bloodaxe Books Ltd.

Louis de Paor has asserted his right under
Section 77 of the Copyright, Designs and Patents Act 1988
to be identified as the author of this work.

Cover design: Neil Astley & Pamela Robertson-Pearce.

Printed in Great Britain by Bell & Bain Limited, Glasgow, Scotland, on
acid-free paper sourced from mills with FSC chain of custody certification.

Translation and its discontents

for Belinda McKeon

Stark moonlit silence
the brindled cat is chewing
the nightingale's tongue.

GERRY MURPHY

ACKNOWLEDGEMENTS

This selection draws on poems and translations previously published in Louis de Paor's books *Ag greadadh bas sa reilig / Clapping in the cemetery* (Cló Iar-Chonnacht, 2005) and *agus rud eile de / and another thing* (Cló Iar-Chonnacht, 2010), some of these revised since those publications, as well as newer poems.

The ebook edition of this book includes audio files produced by Ronan Browne in collaboration with Louis de Paor.

CLÁR | CONTENTS

INTRODUCTION

For R.S. Thomas, reading a poem in translation was 'like kissing through a handkerchief', a promise of intimacy simultaneously offered and withheld, a pleasure partially consummated, endlessly deferred, deflected, postponed.

Gerry Murphy's poem on 'Translation and its discontents' is a reminder of the more destructive aspects of translation. In this case, the translator appropriates material from another language to sustain the appetite of his own, devouring the original in the process.

Most commentators agree that translation is as impossible as it is necessary. The original remains obstinately, shyly, out of reach, and yet the impression it leaves on the linguistic veil that both conceals and reveals confirms the marvellous diversity of languages other than our own.

The danger of suffocation by translation has led to some unease among Irish language poets. Biddy Jenkinson's wish that her poems not be translated into English in Ireland is a 'small rude gesture' on behalf of linguistic diversity, the need to ensure that Irish survives on its own terms.

For myself, I prefer not to publish my work bilingually in Ireland until the poems have reached their first audience among Irish speakers. The creative act of a poem requires that readers alert to the possibilities contained in the original complete a circuit of potential meaning which is opened by the words on the page. The real or imagined reader is a sounding board that enables the poem to resonate within the acoustic of the language in which it is written.

This is not to say that the poem does not contain exotic notes imported from elsewhere but that the echo chamber of the language in which it was written provides readers and writers of that language with a shared acoustic within which the poem can achieve a particular resonance. To introduce an alternative set of possibilities by making a translation available simultaneously with the original is to short circuit that process of signification. The more Irish language readers read in Irish without the life support of English, the more they are attuned to the possibilities of the language, the more amplified the resonance of which poetry in Irish becomes capable.

The decision to defer translation then is a tactical one rather a matter of principle, one that allows breathing space for the original poem to speak and become itself to the full extent of which it is capable before allowing others to speak on its behalf.

Over the past ten years, I have worked closely with Kevin Anderson, Biddy Jenkinson and Mary O'Donoghue on English translations of my work. I had previously published three bilingual collections in Australia, but felt that these were inadequate due to a lack of dexterity on my part in the manipulation of English as a medium for poetry. If my poems were to be rehoused in English, I wanted them to speak as clearly as possible in their second language, to exploit the full range of possibilities available while remaining true to themselves.

It was important that the translators should be able to grapple directly with the original poems rather than relying on me for 'cribs' to work from. The 'crib' is the poor relation, the drudge, in the project of translation, an allegedly 'literal' rendering of one language to another before the real 'creative' work begins. As a recovering cribber my own sense is that the first move is the critical one, the first impression the original language makes on the target language, which provides the template for all subsequent versions.

I am cautious of any translation where the person credited with the work has not engaged directly with the original because s/he lacks the linguistic skills to do so. Two things result from this: the semantic range of the original remains inaudible to the 'translator', while the resources of the target language can not be fully explored by the cribber.

I am fortunate that Kevin, Biddy and Mary are capable of full engagement with the original poems in Irish, a precondition for successful translation according to Breandán Ó Doibhlinn: 'I can only say that for me, translating a poem means first of all living it to the fullest degree possible in its original language and then reliving it in its new linguistic garb'. In fact, the translators have read the originals sufficiently well to rebuke me for having taken unacceptable liberties with my own work in my earlier English translations.

The litmus test for our translations is that a reader should be able to check the translation against the original and not feel that s/he had been cheated by the transaction. If so inclined, readers should be able to use the translation as a temporary construction that would allow them to make the journey across the page from English into Irish.

The second requirement is that I should be able to read the English versions as if they were my own, rather than a script prepared by others which I stumble over because its accent and style are unsuited to my voice. This requires a considerable degree of self-restraint on the part of translators who are capable of hitting notes in English that are beyond me. It is a tribute to their discretion that I can hardly tell which of us/them is responsible for individual lines in the English versions of the poems, that I sometimes imagine them to be all my own work.

How long this will last is a moot point. I overhear emailed intimations of mutiny as they wonder aloud to each other whether it would not be unreasonable for readers to accept that my English has improved over time and that I am now capable of striking notes that were previously beyond me, that I am, in fact, a credit to the voice coaches who have trained me.

It's time, I think, we discussed again the ethics and etiquette of hankies, handkerchiefs, if you will.

LOUIS DE PAOR

THE BRINDLED CAT
AND THE NIGHTINGALE'S TONGUE

Adharca fada

Gíoscann géaga na gcrann

nuair a osclaím doras mo thí

ritheann solas i mbríste gearr
cosnocht sa ghairdín.

Scairdeann grian as buidéal
a chnuasaigh teas ar shleasa cnoic
breac le toir finiúna.

Siúlann Feabhra faoi spéaclaí daite tharam,
raicéad leadóige faoina hascaill.

Long Horns

The treebones creak

when I open the back door

light in short pants
runs barefoot in the garden.

The sun spills from a bottle
that harvested heat
on hillsides tangled in vines

In dark glasses, February strolls past,
a tennis racket under her arm.

Báisteach

An cumhrán a chaitheadh sí sna déaga
is ailceimic a colainne tríd,
farraige, féar is fiúise
i naoi déag seachtó a naoi,
do shiúl thar bráid
sa tsráid aréir
nóscumaliom mar bháisteach,
comhartha broinne ar a rúitín clé
is lúba airgid ar a riostaí geanmnaí.

Mar a bheadh scáth fearthainne sa ghaoth
d'iompaigh mo chroí
isteach is amach
faoin gcith cumhra
ná fliuchfadh barra mo mhéar.

Nuair a d'éirigh an ghrian
thar mhaol gualainne aniar,
bhí cumhracht cnis
ar bhláthanna teochreasa
ag briseadh
tré leacacha na cathrach.

Rain

That perfume she wore in her teens
shot through
with the alchemy of her body
– sea, grass and fuchsia
in nineteen seventy nine –
walked past on the street last night
as couldn't-care-less as rain,
a birthmark on her left ankle
and silver bracelets on her untouchable wrists.

Like an umbrella in a gale,
my heart turned
inside out
under a drench of fragrance
that left my fingertips
bonedry.

When the sun rose
over her shoulder,
tropical flowers
perfumed like skin
burst through paving stones
all over the city.

Glaoch gutháin

Sara dtosnaigh an guthán ag bualadh
tráthnóna i mí Eanáir
bhí crainn líomóin ar chúl an tí
ag lúbadh fé ualach solais
is an ghrian á searradh féin
le géaga cait.

Bhí pearóid in éide easpaig
ag praeitseáil le scuaine mionéan
a d'éist lena sheanmóin ghrágach
chomh cráifeach, corrathónach,
le buachaillí altóra.

Bhí m'aigne tuartha
ag an ngrian bhorb
nó gur chuala do ghlór siúltach
ó chathairphoblacht i lár portaigh

mar a raibh pórtar ar bord
is allagar tromchúiseach ar siúl
i measc geansaithe olna is gúnaí fada
i dtithe óil cois abhann,

is gaoth stollta, mar a bheadh
gaotaire ramhar ón Meal Theas,
ag rabhláil tré ghéaga na gcrann
ar Shráid an Chapaill Bhuí.

Phonecall

Before the phone started ringing
on a January afternoon
lemon trees behind the house
hunched under the weight of light;
the sun stretched with cat's paws.

A parrot in bishop's robes
preached to a flock of the lesser birds
who listened to his hacking homily
with the shifty piety of altar boys.

The unforgiving sun
had squeezed my thoughts dry
until I heard your rambling voice
from a city republic
in the middle of a bog

where tables were heaving with porter,
and woolly jumpers and long skirts
deep in metaphysical debate
in pubs along the quays,

where a blustering wind
like a bloated banker from the South Mall
gusted through beggared trees
on the Grand Parade.

Chuaigh do chaint,
lán de bhuillí uilleann is glún,
ag dornálaíocht le scáileanna mo chuimhne,
focail tiufáilte ag rúscadh trím cheann
is do ghuth easumhal ag rásaíocht
mar a bheadh *rollercoaster* ceann scaoilte
sa charnabhal i mBun an Tábhairne.

I lár an mheirfin
i gcathair Melbourne
bhí frascheol píbe
ag clagarnach sa tseomra
mar bhí ríleanna báistí
is geantraí geimhridh á seinm
ag méara meara
ar uirlisí ársa
i gcathair an éisc órga.

Your talk was all elbows and knees,
boxing shadows in my head,
tough words rampaging through my brain
as your unrepentant voice cut loose
like a rollercoaster on the lash
at the carnival in Crosshaven.

In the swelter of Melbourne,
pipemusic drenched the room
as reels of rain
and winter tunes were played
by quick fingers
on ancient instruments
in the city of the goldy fish.

Laetitia Huntingdon

Níl teas sa ghrian mar a bhíodh
ná béasa ag daoine anois

ó chuaigh an uaisleacht sa chré
le ceol Vera Lynn
tá sliocht an sclábhaí i réim.

Maireann an seanashaol
ar chúl na gcrann lom
in uimhir a seacht déag

mar a suíonn Laetitia
i measc na gcat
ag ól tae seasmaine

cumhracht an fhéithlinn
ar a hanáil chaite

ag éisteacht leis na mairbh
ar an ngramafón.

>   Tá scáileanna faoi pharasól
>   ag siúl an *verandah*,
>   a máthair ata
>   i bhfallaing ón tSeapáin
>   ag ól líomóide,
>   Dia i gculaith Éadbhardach
>   trasna an bhoird uaithi
>   ag léamh an pháipéir.

Laetitia Huntingdon

The sun doesn't shine like it used to
and people have no manners now

since respect was buried
with the songs of Vera Lynn
the unwashed are in charge.

The old world lives on
behind the bare trees
at number seventeen

where Laetitia sits
amidst her cats
drinking jasmine tea,
scent of honeysuckle
on her wasted breath,
listening to the dead
on the gramophone.

> Ghosts with parasols
> stroll the verandah.
> Her swollen mother,
> in a silk kimono,
> drinks lemonade,
> while God, in a smoking jacket,
> reads the paper
> across the table.

Tá leanaí mímhúinte
ag imirt *cricket* sa tsráid
is gáirí na bhfear ón iarnród
mar a bheadh ciaróga ar cheannadhairt
nó buataisí salacha i seomra leapan
ag satailt ar chroí na máthar,
ar a com scanallach
atá pléasctha le bréananáil na beatha.

Amuigh sa tsráid
tá fear an bhruscair ag portaireacht,
solas ag cuisliú trína cholainn teann
is an mhaidin úr á hiompar
ar a ghuaillí loiscthe.

Laistiar den gcuirtín
sa bhreacsholas
i measc na bplandaí,
tá béal seasc
na seanamhná ar leathadh
mar a bheadh iasc i bpróca
is an ghrian ag úscadh
as a cuisle chúng;
stánann súil bhuí a hathar
as fráma airgid anuas
ar a iníon mhodhúil,
gean a dhúrchroí.

Rough children
play cricket in the street
and the laughs of the railway workers
are like cockroaches on a pillow,
or muddy boots in a bedroom,
trampling her mother's heart,
her scandalous waist
charged with the sour breath of life.

Outside in the street,
a binman is singing,
light flowing through his hard body
as he carries the new morning easily
on sunburned shoulders.

.

Behind the curtain
in the halflight
among the breathing plants,
the old woman's mouth
gapes like a fish in a bowl
as sunlight seeps
from her tightening veins.
Her father's jaundiced eye
glares from a silver frame
at his dutiful daughter,
darling of his tyrannical heart.

Tá a cluasa ag líonadh
le ceol castainéad,
cnagadh fiacal,
drumadóireacht
bhriosc na gcnámh;
cloiseann sí
feadaíl traenach
aniar
ar a hanáil
teipthe,
leacacha
uaighe
ag greadadh bas
sa reilig.

Lasmuigh den misean,
tá fear giobalach á bhearradh féin
le lann mhaol
is mír de scáthán briste.
Ní fhaca sé a ghnúis álainn le seachtain.

Her ears full of rattling
castanets, chattering teeth,
brittle drumming
of bones, she hears
trains
whistle in her
heaving
chest,
headstones
clapping
in the
cemetery.

Outside the mission
a scarecrow is shaving
with a disposable razor
and a broken mirror.
He hasn't seen
his handsome face for a week.

Didjeridu

Ní mheallfaidh an ceol seo
nathair nimhe aníos
as íochtar ciseáin do bhoilg
le brothall seanma
na mbruthfhonn teochreasach.

Ní chuirfidh sé do chois cheannairceach
ag steiprince ar leac
gan buíochas ded aigne cheartaiseach
le spreang tais na gcasphort ceathach.

Má sheasann tú gan chor
ar feadh soicind amháin
nó míle bliain,
cuirfidh sé ealta liréan
ag neadú i measc na gcuach
id chlaonfholt cam,
       gorma
pearóidí   glasa
      dearga
ar do ghuaillí loiscthe
is cucabora niogóideach
ag fonóid féd chosa geala.

Beidh treibheanna ársa an aeir
ag cleitearnach timpeall ort,
ag labhairt leat i mbéalrá
ná tuigeann do chroí
gallghaelach bán.

Didjeridu

This music is not played
to lure a snake
from the woven basket
of your distended belly
with a heatwave of torrid notes
and swooning melodies.

It won't set your rebel foot
tapping on stone
to taunt your straitjacketed intellect
with squalls of hornpipes
and twisting slides.

If you stand
and listen, for a second
or a thousand years,
lyrebirds will nest
in the devious loops
of your branching hair,
      green
blue   parrots
   red
will perch on your scalded shoulders
and a sarcastic kookaburra
make fun of your scorched white feet.

You'll hear parakeets and lorikeets
flutter round your head,
ancient tribes of the air
speaking a language
your wild colonial heart
can not comprehend.

Má sheasann tú
dhá chéad bliain ag éisteacht,
closifir ceolstair a chine
ag sileadh as ionathar pollta,
géarghoba éan
ag cnagadh plaosc,
ag snapadh mionchnámh,
agus doirne geala
ár sinsear cneasta
ag bualadh chraiceann na talún
mar a bheadh bodhrán
ná mothaíonn

                              faic.

If you can stand
for a minute
or two hundred years,
you'll hear the songs
of his people bleed
from a punctured lung,
sharp beaks
pecking skulls,
snapping small bones,
while the bright fists
of our gentle ancestors
beat the skin of the earth,
like a bodhrán
that feels
                   nothing.

An dubh ina gheal

Nuair a d'fhuadaigh na póilíní a mhac,
d'fhágadar rian a mbataí geala
ar a chabhail chéasta
is lorg a mbróg tairní
buailte ar a bholg brúite.

Nuair a nochtaigh a láimh mhuirneach
cosrian linbh gan smál
sa ghaineamh airgthe,
mhothaigh sé caolghlór leanbaí,
faobhar scine
ag réabadh chraiceann na talún.

Lá i ndiaidh lae ó shin,
airíonn sé scréacha tinnis ón gcré ghonta
nuair a chuireann sé a mhéar sa chréacht thirim.

Fós, ní chreideann sé.

Assimilation

When the cops took his son,
their bright batons
left their mark
on the father's body,
the print of hobnailed boots
on his bruised belly.

When his loving hand
uncovered a child's footprint
untouched in the desecrated sand,
he heard a childish scream,
thin and sharp as a blade,
gash the skin of the earth.

Day after day since then
he hears the scarred earth cry out
when he puts his hand
in that dry wound.

Still he does not believe.

Cuairteoirí

Leis sin, tagann an samhradh
ag liúirigh timpeall an chúinne
ar rúid aeraíochta leis an ngrian,
adharc á séideadh,
fuinneoga leathan ar oscailt,
ag doirteadh solais
is fothram giodamach
ar an aer ceartchreidmheach cúng.

Táthar ag prapáil cheana don éirí amach
sa tarraiceán íochtair. Sméideann
T-léinte ar bhrístí gearra. Caochann
sciortaí ar chultacha snámha
i gcomhcheilg bhundúnach.
Cailleann geansaithe a gcruth údarásach.
Tréigeann treabhsair a siúráil iarnáilte.

I gcúl an bhardrúis, fén gclog briste,
mothaínn bróga mo mháthar críonna
ceol coiscthe ag bogadh a cos millte,
                    snapadh méar
          cnagadh sál
     beolsmeaic
ar leicinn daite,
gósta Ira Gerschwin
ag pógadh a gualainn leis
agus doirne teasa ar charrdhíon
ag tuargain urlár na spéire.

Visitors

With that, summer rounds the corner,
blaring its horn,
joyriding with the sun,
windows wide open,
flaunting light and flirtatious noise
before the righteous upstanding air.

Preparations for the rising
are well under way
in the bottom drawer, where T-shirts
exchange glances with short pants
and skirts wink at swimsuits
in a huddle of conspiracy.
Trousers have lost their pressed assurance;
slumped jumpers surrender their shape.

At the back of the wardrobe,
under the broken clock,
my grandmother's shoes can feel
forbidden music touch her crippled feet –
                    click of fingers
            clack of heels
        smack of lips
on powdered cheeks,
the ghost of Ira Gerschwin
kissing her bare shoulder
as heat beats its fists on a car-roof,
battering the floor of the flaming sky.

Creideamh

De réir mar a fhuaraigh a cuid fola,
chaith sí di a creideamh tanaí,
éadaí caite nár théigh a craiceann oighreata,
is tharraing brat seascair piseog
go dlúth lena guaillí leata.

Chonaic sí cailleacha ime
ag creachadh a seomra suí leapan,
ag póirseáil i gcófraí iata,
ag fuadach gréithre is troscán stóinsithe
i ngan fhios dá cuairteoirí saonta
adúirt ná gheobhadh éinne isteach
is an doras fé ghlas,
gurbh é gráscar na leanaí comharsan
a chuala sí ag cnagadh ar an bhfuinneoig
is an ghaoth ag éamh uirthi
tré pholl an tsimné anuas
in am mharbh na hoíche.
Créatúirí gan chiall, gan chreideamh.

Nuair a thuirsigh a croí neamhchloíte
dá lomaghéaga traochta,
d'fhág sí iarlais a coirp gan dé
ag fuarú sa leaba iarainn
is shiúil as an otharlann amach
isteach im aigne ainchreidmheach
mar a gcóiríonn sí mo bheatha ó shin
lena lámha mná feasa
a dhíbríonn púcaí ainglí is taibhsí rónaofa
is drochsprideanna drochdhaoine mallaithe uaim
gach lá beannaithe dem shaol.

Believing

Gradually, as her blood went cold,
she cast off her threadbare faith,
worn out clothes that couldn't warm
her perished skin, and wrapped
a blanket of more comforting beliefs
around her shivering shoulders.

She saw butter witches ransack her bedsit,
poking in shut cupboards,
filching dishes and sticks of furniture
while her gullible visitors saw nothing.
No one could get in, they said,
with the door locked.
It was the neighbour's brazen children
she heard knocking on the window,
the wind screaming down the chimney
in the dead of night.
The fools believed in nothing.

When her undefeated heart
tired of her exhausted body,
she left her changeling flesh,
breathless and cold on a cast-iron bed,
then walked from the sanatorium
into my disbelieving mind
where she arranges my life
with her wisewoman hands,
banishing pious pookas
and sanctimonious ghosts,
the malevolent spirits
of evileyed people
from out of my way
every blessed day of my life.

Lá fada

Caithfidh go raibh an aimsir go maith an mhaidin sin
mar bhíomar istigh sa chistin.
Dá mbeadh sé fliuch bheimis amuigh faoin gcith.
Bhí doras an halla fé ghlas inár gcoinne
is an tigh chomh sollúnta le séipéal,
an cancrán cois tine
ag méirínteacht ar a phaidrín,
gan beann ar dhailtíní gan mhúineadh
a bhí bréan bailithe den lá leibideach,
den naofacht mharfach a smachtaigh an tigh
le boladh coinnle is paidreacha dóite.
Bhí an mhaidin chomh leamh le hAifreann Domhnaigh.
B'fhada linn go gcrapfadh an sagart leis,
go gcasfaí eochair an dorais ar ais,
go siúlfaimis amach tré ghleithreán a croí ainrialta
le clampar a dhúiseodh na mairbh.

A long day

The sun must have shone that morning
because we were inside in the kitchen.
If it was raining cats and dogs
we'd have been out in the downpour.
The hall door was locked
and the house hushed as a church,
the old crank hunched by the fire
fingering his rosary,
oblivious for once to young pups
who were sick killing time
on another dead day,
tired of holiness that squeezed
the life from the house,
the smell of candles and snuffed out prayers.
The morning was tedious as Sunday Mass.
We couldn't wait for the priest to go,
for the key to turn in the door again
so we could run through the bedlam
of her anarchic heart
making noise enough
to wake the dead.

Tigh iarbháis

Chonaiceamar claonchló a colainne stromptha
ar an dtroscán iasachta:
cathaoir ghéaruilleach airtríteach,
leaba ghíoscánach shingil.

Bhraitheamar a scáil thromchosach sa chistin
ag lomadh prátaí sa doirteal,
ag meascadh daithín bainne
le tae siúicriúil pórtardhubh.

Nuair a chartamar an luaith as an ngráta,
do shéid gaoth ghiorranálach
tré pholl na litreach,
seanachairde ón dtuath
ag gearán faoin bhfuacht.

Scuabamar is sciúramar is scríobamar
an dusta deireanach den tigh
le Vim is uisce coisricthe.

Sara gcuireamar glas ar an ndoras
chasamar cnaipe.
Stad an *wireless* dá phortaireacht,
an cuisneoir dá chrónán codlatach.

D'fhágamar an tigh múchta,
chomh glan le corp
gan taibhse.

Dead house

We saw the print
of stiffening bones
on borrowed furniture,
an arthritic chair with scrawny arms,
a creaking single bed.

We felt her shuffle through the kitchen,
peeling potatoes at the sink,
stirring a drop of colouring
in sugared porterblack tea.

When we carried the ashes
from the grate,
an asthmatic wind
blew through the letterbox,
old friends from the country
complaining of the cold.

We swept and scrubbed and scraped
the last dust from the house
with Vim and Holy Water.

Before locking the door
we pressed a switch.
The wireless stopped singing;
the fridge gave up its drowsy hum.

We left the house powerless,
clean as a corpse
without a ghost.

Gaol Cross

Choinnigh mo mháthair chríonna
hainceasúr brúite le croí a dearnan
chun ná fliuchfadh racht na scamall
a leiceann caite,
mar bhí báisteach air ó mhaidin
an lá a d'fhág m'athair an baile.

Bhí a bhalcaisí Domhnaigh
nua-iarnáilte, a chroí fáiscthe
is snaidhm dhúbailte ar an iall
a cheangail a chás cartchláir
chun ná scaoilfí an gad
a choinnigh é i dtreo chun imeachta.

Nuair a chuir sé a bhais i nglais lámh an rópa,
chonaic an tsúil i gcúl a chinn
Tomás Óg Mac Curtáin
ag siúl ar aghaidh an tí,
a cheann go hard thar ghuaillí
an Gharda is cóta an tSaorstáit
thar chaola a lámh ag ceilt na slabhraí
a cheangail an cime don todhchaí.

D'airigh sé arís ó bharr na sráide
rois na bpiléar chomh fras
le cith úll; lá dá raibh sé féin
i mbun creiche san úllord laistiar
de Réalt an Iarthair maraíodh fear
a chuaigh ar a choimeád
ó ghéibheann na leabhar staire
sa chlais le hais na habhann.

Gaol Cross

It was threatening rain all morning
the day my father left his father's house.
My grandmother clutched
a crumpled handkerchief in her fist
so the angry sky wouldn't wet her face.

His Sunday best was freshly pressed,
heart shut tight and a double knot
on the twine that kept
his cardboard suitcase together,
so the ties that kept him bound
for England could not be undone.

When the rough twine chafed his hand,
the eyes in the back of his head
saw Tomás Óg Mac Curtain
march in front of the house,
head high above his jailers
as the greatcoat of the Free State
hid the handcuffs
that chained him to the future.

He heard again from the walls
of the old gaol gunshots,
sudden as a flurry of windfalls;
that day he was out robbing apples
in the orchard behind the Western Star
a man was shot in the river-field,
on the run from his place in the history books.

Chuala sé uaill na máithreacha
go léir ón lá sin sa tsráid, chomh garbh
le claibíní bruscair á ngreadadh,
ag glaoch abhaile ar an macra,
a ainm féin á fhógairt amhail
móid dílseachta os comhair an tsaoil.

Thug sé cluas bhodhar an tarna huair
don tseanbhean, rug greim ar a chás
is chuir pas coitianta lucht imirce
os a chionn, an ruga olna a d'fhág
stampa an bhaile chomh soiléir ar m'athair
le blas Chorcaí ar a chaint stadach.

An lá a d'imigh ár mbuachaill bán,
bhí solas flannbhuí sa spéir
mar a bheadh tinte cnámh
ar lasadh go hantráthach
nó tochtanna leapan á ndó
ar bharr fallaí an phríosúin.

Chaith breac geal scilling in airde
faoi Dhroichead an Chroí Rónaofa
á scarúint féin lena nádúr báite

nuair a shiúlaíos trasna ina dhiadh
ar mo shlí go haerfort na Sionnaine,

bhí an ghrian ag dul faoi
i súile mo mháthar críonna

a d'fhan ina staic sa dorchadas
ag féachaint inár ndiaidh ó cheann na croise.

He heard the shouts of all the mothers
on the street that day,
loud as a clatter of binlids,
calling the boy-troop home,
his own name sworn like an oath
for all the world to hear.

For the second time, he turned a deaf ear
to the old woman as he gripped his suitcase
and covered it with the telltale sign
of the immigrant, a woollen rug
that marked him out more clearly
than his thick Cork accent.

The day our white-headed boy left home,
there was an orange glow over Sunday's Well
as if bonfires blazed
at the wrong time of year
or mattresses burned above the prison-gates.

        A silver trout tossed a coin
        under the Sacred Heart Bridge,
        abandoning his element

        as I crossed over
        in my father's footsteps
        making for Shannon Airport

        the light was dying
        in my grandmother's eyes

        as she stood like a statue in the dark
        looking after us from the foot of the Cross.

Corcach

Bhí sé fuar fliuch
ar French's Quay
is mé ag triall arís
ón mbaile,
an chairt ina seasamh
chomh dlúth leis an gcosán
le bord soithigh
buailte le caladh,
seanbhoinn stractha
ón monarchain dúnta
ag scríobadh falla na cé
san áit inar tháinig
na francaigh i dtír.

I gcathair na gcuan
is an abhainn ag titim
ón spéir, bhí fáinne tarrthála
scortha dá chuaille
trasna na sráide
ó theach na sochraide.
Bhí sclogphíopaí an Bhardais
á dtachtadh
ag feamainn bhruscair
a bhrúcht aníos
sa tsruth faoi thír
is madraí báite
á dtabhairt chun siúil
i málaí guail
thar farraige amach
i dtreo an Phasáiste Thiar.

Cork

It was cold and wet
on French's Quay
the day I left,
the car tight
to the kerb
as the side of a ship
tied up at the pier.
Worn-out tyres
from the shut-down factory
scraped the quay-wall
where the rats
had come ashore.

In our submarine town
the river rained down
from above. A lifebelt
worked its way free
from a mooring-post
across the street
from Forde's Funeral Home.
Corporation gutters
were choked with wrack
brought in by the tide
as drowned dogs
stowed away in coalbags
were washed out to sea
through Passage West.

Bhí cúl na cairte
chomh cluthar le cistin,
chomh díonach ar uisce
le bundún éisc nó gur thit
deoir mhór amháin
ar ghrua na fuinneoige,
shil tré scoilt sa ghloine
is dhoirt thar dhroichead
sróine mo chaiptín
a shuigh gan chor
sa suíochán tosaigh.

Nuair a bhris na bainc
taobh thiar de shúile m'athar
ní thraochfadh galún stáin
an ráig a bhris
tré pholl sa bhfirmimint
ar mo cheann báite.
Bhí stuaiceanna eaglaise
is bóithre iarainn á lúbadh,
croíthe is bróinte muilinn
á smiotadh, fallaí
is leacacha sráide
ag tabhairt uathu,
an talamh ag bogadh
is giorranáil an phortaigh
in uachtar arís ionam fhéin.

B'fhada liom go dtréigfinn
an chré róbhog
dar di mé,
sara bhfáiscfí
an deoir dheireanach

The back of the car
was warm as a kitchen,
watertight as a fish's arse,
until a single swollen drop
fell on the windscreen,
trickled through a crack
in the reinforced glass
and along the bridge
of our captain's nose
where he sat unmoved
in the front seat.

When the riverbanks broke
behind my father's eyes,
tin buckets
couldn't bail me out,
as tears gushed
through the eye of a needle
and Jesus wept over
my submerged head.
Church-spires
and railway-lines crumpled,
millstones, and hearts
like stone, were broken,
walls and flagstones buckled
as the earth moved
and the asthmatic bog
filled my lungs again.

I couldn't wait to get away
from the soft soft earth
that had made me
before the last tear
was squeezed

as an gcloch im lár,
sara gcaithfeadh an grá
a dhá lámh
timpeall mo mhuiníl
dom tharraingt síos
go tóin an phoill
                    abhaile.

from the stone in my heart,
before love wrapped itself
round my neck,
dragging me, drowning,
                        home.

Searmanas

Tréis na rásaí, thagadh sé ón dtobar
le dhá bhuidéal pórtair féna ascaill,
hata feircthe anuas ar a shúil ársa.

Ransaíodh sé cófraí, tarraiceáin is cupbhoird
nó go n-aimsíodh oscailteoir meirgeach
chomh breicneach lena leiceann
scólta ag grian is gaoth na mblian.

Shuíodh sé i gcathaoir uilleann
chomh socair le bó
nó coca féir i ngort istoíche,
ropadh tlú tríd an ngríosach codlatach,
scaoileadh iallacha fada a bhróg tairní.

Ansin, le caschleas gintlíochta dá láimh
a bhí oilte ar ghamhna fireanna a choilleadh
nó coileáin a bhá sa dip caorach,
a cheansódh searrach sceiteach
nó leanbh contráilte,
le hasarlaíocht chaoin gan éigean,
bhaineadh sé ceann an bhuidéil.

Chloisfeá
osna faoisimh
an leanna dhuibh
ag tarrac anála,
mar a bheadh seanduine
tréis aistir fhada.

Rituals

After the races, he'd come from the well
with two bottles of stout under his oxter,
hat pulled low over ancient eyes.

He'd rummage in presses, drawers, and cupboards
until he found an opener speckled with rust,
like his freckled face
burned by years of wind and sun.

Sitting in an armchair,
unperturbed as a cow
or a cock of hay in a field at night,
he'd poke the drowsy ashes,
undo the laces of his hobnailed boots.

Then, with a secret twist of his hand,
that didn't flinch from the business
of castrating bull-calves
or drowning unwanted pups in the sheep-dip,
a hand that could calm a frightened colt
or a contrary child,
with gentle sorcery,
he'd ease the top off the bottle.

You could hear a satisfied sigh
as the porter drew breath
like an old man
at the end of a long journey.

Níl iarsma dá scil rúnda im láimh shaonta,
im aigne bhruachbhailteach
gan chruáil, gan taise,
ach ar theacht ón tsochraid tréis a bháis,
bhí foighne, féile, is fíoch mo shinsir
ag borradh im dheasláimh inniúil
sa chistin tréigthe gan tine
mar ar ólas pórtar go maidin
in éineacht lem Dheaideo.

My clumsy fingers have none
of his secret skills;
my townie mind,
is neither kind nor cruel.
But when I came home after his funeral,
I felt the patience, and generosity
and all the hardness of my people
welling in my hands
in that cold forsaken kitchen
where I drank porter until morning
with my Granddad.

An cruthaitheoir

Sarar éirigh an adhmhaidin aníos
as scioból dorcha thíos
ar Bhóthar na Modhfheirme,
bhí gob éin ag fógairt an lae,
ag cnagadh ar scragallchaipín
buidéil bhainne ar lic an dorais amuigh.

Sarar dhúisigh an tigh
as a shuan réamhbhreithe,
bhí an domhan chuici féin aici,
domhan dea-mhúinte nár labhair ina coinne
a ghéill go réidh d'údarás caoin a lámh.

Nuair a d'oscail sí an sconna,
chuimil an t-uisce smut fuar lena basa,
ligh lena theanga a méara tíortha.
Nuair a chas an buacaire ar ais,
lean srónshileadh na ndeor
ag binceadh sa soinc agus citeal basctha
ag bacadáil ar an sorn.
Ní raibh aon ní gan locht sa tigh seo.

Bheannaigh áraistí scealptha di,
miasa, mugaí, is ubhchupáin ag guailleáil a chéile
gur líon sí a mbéil le calóga arbhair
chomh briosc le féar sioctha,
le huibhe galánta a raibh baill doráin
in ard a ngrua, agus tae chomh láidir
go rithfeadh luch ar mhionchosa creidimh
thar a dhromchla galach gan báthadh.

The creator

Before the morning rose
from a dark shed below
on the Model Farm Road,
a bird's beak announced the day,
pecking the tinfoil top
of a milkbottle out on the doorstep.

Before the house woke
from its prenatal sleep,
she had the world to herself,
a well-mannered world
that didn't answer back,
giving in quietly
to the gentle authority of her hands.

When she unmuzzled the spout,
cold water nuzzled her hands,
licking her dry fingers;
when she turned off the tap,
the runny nose continued to drip
in the sink and a gimpy kettle
limped on the stove.
Nothing was perfect in this bockety house.

Chipped dishes welcomed her:
plates, mugs, and eggcups jostling each other,
until she filled their hungry mouths
with corn flakes crisp as frosted grass,
handsome eggs with moles on their cheeks
and tea so strong a mouse might scamper
across its steaming surface
on tiny legs of faith, without drowning.

In airde staighre, i Liombó na bpiliúr
is na bpluid, bhí ceirteacha codlaidh
mar a bheadh olann chadáis
tráth tinnis ina chluais.
D'airigh sé bodharghlór na sluaiste bige
ag scríobadh urlár an ghráta,
ag cartadh luaith an lae a chuaigh as
amach as an dtigh, agus lá úr
á chur síos aici ina chomhair.

Chuala sé gaoth stataice
ag séideadh ó cheann ceann na hAtlantaice,
ag iomramh ar thonnta an aeir
idir Reykjavík agus Áth Luain,
gur aimsigh sí an mhinicíocht chruinn
a chuir Corcaigh i gceartlár an tsaoil,
ag caint léi os íseal sa chistin
sé troithe laistíos dá thaibhreamh.

Maidin i ndiaidh a chéile
mar sin go brách,
chuala sé saol á chruthú
as neamhní, mar a bhí ar dtúis,
mar atá anois, mar a bheidh go fóill
in aigne an chruthaitheora,
nó go músclóidh an clog í
as a brionglóid shíoraí.

Up the stairs in Limbo,
land of pillows and blankets,
rags of sleep bandaged his brain
like cotton wool in an aching ear.
He heard the muffled sound
of the small shovel scraping stone
as she cleared the ashes of the day gone out
and set another day kindling in the cold grate.

He heard gusts of static
pitched from one end of the Atlantic
to the other, churning the airwaves
between Reykjavík and Athlone
until she found the right frequency
that put Cork at the centre of the world
talking to her quietly in the kitchen,
six feet under his dream.

As morning followed morning
forever and ever it seemed
he heard his world created
out of nothing. As it was
in the beginning, is now,
and shall be for a time to come
in the mind of the creator
until the clock wakes her
from her eternal dream.

An seomra codlata

Ní raibh aon ghlas ar an doras
ach focal crosta mo mháthar,
chomh teann le bolta iarainn,
chomh díomhaoin le gad um ghainimh
nuair a scaoileadh ár bhfiosracht den iall.

Scéigh néaróga meata orainn
le gíoscán ard hinsí
nuair a bhrúmar an doras righin,
ag imeacht ar bharraicíní
thar teorainn ár bhfeasa.

Sa tseomra leathdhorcha, bhí teas anála
fanta laistiar de chuirtíní druidte;
bhí mo chroí im bhéal chomh mór
le croí rónaofa Chríost
ag pléascadh ina chliabh ar sheastán
os cionn na gcoinnle oíche,
a dhá shúil martra ár bhfaire
chomh díomách le máthair nó le Garda.

Bhí cófra greanta chomh mín
le huillinn piú sa chúinne,
boladh bróga nua ar an adhmad snasta
agus litir ón bPápa os a chionn
mar a bheadh fógra i ngort
ag fógairt stróinséirí amach
i gcas-scríbhinn Laidine.

The bedroom

There was no lock on the door,
just my mother's strict instructions,
firm as a bolt of steel,
useless as a rope of sand
when curiosity slipped its leash.

Frayed nerves betrayed us
with squealing, creaking hinges
as we opened the reluctant door
and in we went on tiptoes,
beyond ourselves.

In the half-dark room, warm breath
lingered behind drawn curtains.
My heart was in my mouth, as swollen
as the sacred heart of Jesus
beating away in his breast
on a shelf above the nightlights.
His martyred eyes reproached us,
as let-down as a mother, or a Guard.

The wardrobe in the corner
was smooth as a pew, waxed wood
smelling of new shoes.
On the wall, a letter from the Pope
warned off strangers
in difficult Latin.

Nuair a tharraingíos an tarraiceán dúr,
tháinig fuarbholadh bosca faoistine
aníos tré mhus mo chuid allais;
chuas ag piocadh tríd an raic
a caitheadh i dtír le stocaí
is haincisiúir i ndrár na bhfo-éadaí:

bronntanaisí Nollag na leanaí,
giúirléidí daite gan mhaith
nár mhaith leo a chaitheamh
ná a chaitheamh amach,
iontaisí saoil a fuaireamar
gan faic ó F.W. Woolworth.

Bhí lámhainní ar mo choinsias
is mé ag póirseáil tríd an gcreach:
rásúr fiaclach a raibh cos airgid faoi;
gléas míorúilteach a chuirfeadh faobhar
ar lann mhaol; seanghalas sa bhfaisean
ba nua-aimseartha amuigh i 1963;
carabhat le suaitheantas diamhair Masónach:
pionsúr ag stathadh fiacla.

Sna grianghrafanna dubhagusbána
chonac mo mháthair i ngúna galánta
chomh mín síodúil gur theastaigh uaim
an páipéar fuar a chuimilt lem ghrua,
an seanabhuachaill ina chóta lachtna ag teacht
as staisiún traenach i Londain Shasana,
amhras síoraí an imircigh ina shúil ghlas,
mar a bheadh olc air gur chuir sonc
uilleann an cheamara isteach ar a mharana.

Cad a bhí ina cheann
nuair ná rabhamar in aon chor ann,

When I opened the stiff drawer,
the chill must of confessionals
hit through the smell of my own sweat.
I went pickpocketing
through the wrack –
socks, hankies, and underthings,

children's Christmas presents
they wouldn't wear
but couldn't throw away,
marvellous things bought for half nothing
from F.W. Woolworth and Company.

I gloved my conscience
and rummaged through the haul –
a gapped razor with a silver handle,
a knacky gadget for sharpening blades,
braces that were the very latest thing in 1963,
a tie with a strange Masonic symbol,
pincers pulling teeth.

In the black and white photos
my mother in such elegance of silk
I wanted the cool paper to stroke my cheek;
the old man in his oversize coat
just off the train in London,
the wariness of every immigrant
there ever was in his grey eyes
as if the nudge of the camera
had distracted him from his thoughts.

What was on his mind
before we were ever there,

nuair a bhíomar fós ar Neamh
ag ithe peaindí leis na leaids?

I gcúl an tarraiceáin,
bhí saibhreas gan áireamh
i dtaisce i mbosca greanta
adhmaid: bróistí, breasláidí,
fáinní óir agus airgid,
taibhrí a chaith sí uaithi
ina gceann is ina gceann
de réir mar bhain na blianta
a mianta luachmhara di.

Nuair a d'osclaíomar an doras sin,
nochtamar dorchlaí nárbh eol dúinn
a bheith ann inár dtighne;
shiúlamar rúmanna aeracha
a thréigeadarsan fadó
nuair a thugamarna ár dtrioblóidí beaga
i mbróga salacha tré hallaí bána
a mbrionglóidí móra gan smál.

Nuair a chuirim chun imeachta anois
ar eagla go mbéarfaí orm istigh
sa tsaol eile sin nach liom,
go dtiocfadh fios i ngan fhios
aníos taobh thiar díom
is nárbh fhéidir liom éalú,
tá m'aigne i ngreim
is ní féidir liom an doras
a tharrac im dhiaidh.

Airím cheana
cogarnach leanaí
ag barr an staighre lasmuigh.

Ní féidir bogadh.

when we were still in Heaven
eating pandy with the angels?

Right at the back of the drawer
there was a secret hoard
stowed in a carved wooden box –
brooches, bracelets, gold rings and silver,
glittering things she put aside
one by one as the years stripped away
her precious dreams.

When we opened that door
we found corridors undreamed of
in our own house.
We walked in airy rooms
they abandoned long ago
when we brought our tiny troubles
in muddy shoes through the white halls
of their innocent, endless dreams.

Now when I try to leave,
afraid of being found out
in another world not mine,
that something better left alone
will sneak up behind me
and I'll never get away,
my mind is stuck.
I can't close
the door behind me.

Already I hear
children whispering
out there on the landing.

I can't move.

An chéad lá riamh

Tráthnóna i mí Eanáir
nuair a chas an leathchruinne thuaisceartach
ar a sáil ar ais i dtreo an tsolais,
tháinig scéala gan choinne
gur shéalaigh an aintín ab ansa leat.

Chaitheamar an oíche á faire,
á mealladh le focail
a ghreamódh a scáil seal eile abhus.

Réabamar reilig na cartlainne
a chuimsigh stair do dhearbhfhine,
scéalta móra nár chláraigh
aon Lochlannach go fóill,
nó gur shiúil sí i mbróga
staidéartha os mo chomhair

ar phromanáid shamhraidh i Sasana Beag,
faoi gheasa arís ag iontaisí plaisteacha
is cártaí graosta na hucstaeirí cladaigh,
maide milis na gcnámh
gan chreimeadh fós ag fiacail na hailse.

Choinníos fad láimhe siar uait,
le slí a thabhairt
d'aingeal coimhdeachta an bhróin
nár thréig a phort
ar do ghualainn ó shin
gur tháinig an mhaidin bhán
chomh ciúin le carr trírothach
sa sneachta neamhghnách.

The first day ever

A January afternoon
as the northern hemisphere
turned on its heel back towards the sun,
you heard unexpectedly
your favourite aunt had passed away.

We waked her all night,
beguiling her with talk,
holding her breath
a while longer in our world.

We raided the family vault
where all the tales of your crowd are kept,
the stuff of legend
no Viking folklorist has classified yet,
until her cheerful ghost
appeared in sensible shoes

on a summer promenade in Little England,
enthralled by plastic knick-knacks,
naughty postcards in hucksters' stalls,
the candy-floss of her bones
untouched as yet by the claw of cancer.

I stayed a handsbreath away from you,
to make room for the guardian angel
of sorrow that has stood by you ever since,
until morning came,
as quiet as a threewheeler
in the unusual snow.

Ghluais trucail an bhainne
timpeall na plásóige le monabhar rothaí
chomh ciúin le cuirtín á tharrac.

Nuair a thánag ar ais ón mbóitheach aibhléise,
bhí allas ar leacain an bhuidéil
chomh fuar leis na scillingí smeartha
a bhí goidte agam ó bhosca na mbocht
faoi bhun an ghutháin sa halla.

– Go réidh, adeir tusa,
de ghlór chomh mín
le point do mhéar im choinne.

– Go réidh, adeir tú,
nó cá bhfuil do dheifir?

Tráthnóna i mí Eanáir
is an aintín ab ansa leat
ag ceiliúradh ón ngrian

bhí liathróid na cruinne
fé bhoinn ár gcos
ag gluaiseacht de shíor
i dtreo na gcríocha fuara

is mo chroí tuaisceartach
ag bogadh i dtreo an tsolais anabaí.

A milk-truck rounded the green
with a murmur of wheels,
quiet as a lifted curtain.

When I came back from the electric cowshed,
the dew on the bottles
was cold as the grimy shillings
I had stolen from the poor-box
under the phone in the hall.

– Take your time, you said,
your voice as soft
as your fingertips against me.

– Take your time, you said,
and where's your hurry?

That afternoon in January,
your favourite aunt
retreated from the sun,

the world at our feet
turned and turned again
towards the frozen wastes,

my northern heart turned
towards the unexpected light.

Tréigthe

Nuair a bhíonn tú as baile
géaraíonn bainne úr sa chuisneoir;
dónn tósta uaidh féin;
balbhaíonn an guthán
is cailltear fear an phoist
ar a shlí chun an tí.

Cruinníonn Mormanaigh is Finnéithe Jehovah,
an minister is an sagart paróiste,
bean Avon is fear Amway
le chéile ar lic an dorais
chun m'anam damanta a dhamnú.
Ní fhéadfadh Batman mé a shlánú.

Plódaíonn sceimhlitheoirí is murdaróirí,
maoir thráchta is cigirí cánach sa chlós
ag pleancadh ar an bhfuinneog iata,
ag sceitheadh mo rún os ard
leis na comharsain chúiléistitheacha.

Ní chuireann mo pheacaí coiriúla
ná mo choireanna peacúla
aon iontas ar éinne.

Sa doircheacht mheata bhalbh istigh
fáiscim do chumhracht
as bráillín fhuar,
cuardaím camán Chúchulainn
fén dtocht riastrach
cnapánach.

On being left

When you're not here,
milk turns sour in the fridge,
the toaster burns the last piece
of bread deliberately,
the phone is struck dumb,
and the postman dies
on his way to the house.

Mormons and Jehovah's Witnesses,
the minister and the parish priest,
the Avon lady and the Amway man
gang outside my door
to lambast my blasted soul.
Even Batman couldn't save me.

Terrorists and murderers,
clampers and tax inspectors
crowd the backyard,
pounding on locked windows,
yelling my secrets at the top of their voices
for the benefit of eavesdropping neighbours;
my criminal sins and sinful crimes
are a surprise to no one.

In the cowering dumb dark inside,
I hug your scent from cold sheets;
I reach for Cúchulainn's hurley
under the battlefurious
lumpy mattress.

Turraing

Bhí do chuid traipisí
á gcur amach agam ar líne,
stocaí bána go bhfuil damháin alla
is coileacha gearra ina sníomh,
tuathalach mar is gnáth leat,
mar a bhainfeá díot fé dheifir.

Mar dhea, a bhean mhéarfhada
a réabann greim na gclog,
a scarann a lámha dá chéile
lá i ndiaidh oíche is lae
mar a bheadh fallaí i dtromluí
ag teannadh ort.

Chuireas leathláimh síos
go barr cos na stocaí,
á dtiontú amach isteach
is luigh an stuif mhogallach
ar chúl mo bhoise
chomh híogair le trácht do bhoinn
ar an gcraiceann mín laistiar
lastuas dem ghlúin righin.

Ní mór ná gur éirigh mo chabhail,
mo chual bocht cnámh
ó chlár na cruinne cé
leis an éirí a tháinig
ar gach ribe fionnaidh
ó rí mo láimhe aníos
tré chúl mo mhuiníl, gur aimsigh
sa bhfalla coirtéise faoin mblaoisc

Shocked

I was putting your things
on the line, white stockings
embroidered with spiders
and bantam cocks,
inside out as usual,
as if you'd taken off in a hurry.

As if... You put time
on the long finger, woman,
breaking the grip of clocks
day after night after day,
prising their hands apart
as if they were walls in a nightmare
fencing you in.

I eased my hand
along the vamp of a stocking-foot,
turning it outside-in
and it covered my hand like a glove,
intimate as your instep
on the soft spot just there
above the back of my knee.

I'd have sworn every inch
of my sorry bones
had left this solid earth:
every hair, from the back
of my hands to the nape
of my neck, stood up
when the surge hit
the cortex wall in my skull,

foinse na haibhléise
a chuir gruaig mo chinn ina colgsheasamh
a bhrúigh lúidín, ladhraicín,
is mac an aba tré sháil stoca glan amach,
gur loisceadh mo mhéara
le turraing na haontumha.

source of the charge
that stood my hair on end,
poking little finger,
ring finger, middle finger
right through your stocking-heel,
till my fingers burned
with the shock of celibacy.

Dán grá

Bímid ag bruíon
gan stad. Cloisim
focail mo bhéil
ag pléascadh ina
smidiríní gloine
is gréithre briste
ar t'aghaidh iata
aolta. Nuair a
scuabaim smionagar
goirt ár gcumainn
bhriosc den urlár,
(ní ghortóinnse cuil)
braithim chomh glan
le manach cruabholgach
tréis a chaca.
Chomh sámh. Chomh
naofa. Foc na
comharsain. Bimis
ag bruíon gan stad.

Love poem

We never stop
fighting. I hear words
hurled from my mouth
break in shards of glass
and smashed plates
on the shut door
of your whitewashed face.
When I sweep up
the shattered bits
and pieces of our brittle love
(I wouldn't hurt a fly)
I feel clean
as a constipated monk
after a glorious shit. So
unburdened. So serene.
Fuck the neighbours.
May we never stop fighting.

Uabhar an iompair

n'fheadar fós ná gurb é seo anois
do chruth féin is do chló ceart,
do chom chomh mór le clog ardeaglaise
ag ceiliúradh na dtráth gan riail
ó iarmhéirí go heasparta na fola

do chiotóg buailte le clár do dhroma
mar phrapa le huabhar an iompair
mar a chuirfeadh fear a ghualainn
le seolchrann báid
is urlár luaineach an tsaoil
ag luascadh féna shála cipín

nuair a shéideann an doircheacht
ar an mbaile cois mara
mar a mhaireann mo dhúil
baineann a hanáil
simléirí na dtithe gallda
ar bhóthar na trá

sínim láimh leat
thar an mbruth faoi thír
i lár na leapan
is do phaisinéir laistíos
ag gabháil de dhoirne
is de bhuillí cos
ar dhoras mo bhoilg

clog cuaiche ag cuntas
na laethanta fé dhithneas
sara gcuireann mo chabhail in aer

Pride of bearing

so what if this is the shape
that best becomes you,
your belly great as a minster bell
sounding the irregular hours
from the pulse of matins
to the blood of eventide;

your left hand in the small
of your back keeps your pride
in place, as a man at sea
leans against the mast
while the giddy floor of the world
heaves beneath his matchstick heels;

when darkness storms
the seaside town
where desire has gone to ground,
the breath of dusk topples chimneys
from garrison houses
along the promenade;

I reach to you
across the seawrack
thrown up on the bed,
as down below your stowaway
beats with fists and feet
on the door of my belly,

a cuckoo clock counting
the shortening days
until her hour strikes
and she blows me away

Ceas naíon

Scoite amach
ar imeall an tinnis
a riastraigh do chabhail
le pianta Uladh,
a thimpeallaigh an tocht
mar a rabhais id luí seoil
nár luí in aon chor
ach únfairt ainmhí i gcró,
chonac mo bhean ghaoil
ag cur straein ar a croí
chun cloch nárbh fhéidir
le trí chéad fear a bhogadh,
leac a mheilfeadh
cnámha bodaigh,
a theilgean dá drom oscartha.

Nuair a bheir
an bhean chabhartha
deimheas leis an ngad
a cheangail don saol eile í,
tháinig aois Fhionnuala
ar a snua cailín,
leathláimh chomh mín
le sciathán eala
ar an ngin a rug sí
ón tsíoraíocht abhaile,
leathláimh chomh seargtha
leis an mbráillín smeartha.

The pangs of Ulster

On the outer
edge of pain
that racked your body
with the pangs of Ulster,
besieging the bed
where you lay,
not lying, but writhing
like a penned animal,
I watched my woman
strain her heart
lifting a stone
three hundred men
could never shift,
to catapult
from her arched back
a slab of rock
that would crush
the bones of a stickman.

When the midwife
cut the cord
that tied her
to the other world
her girlface
became old as Fionnuala's,
one hand soft
as swandown on the child
she brought back
from eternity,
the other wasted
as bloodied sheets.

Gramadach

Níor tháinig do chaint leat fós,
ná níl aon chorrabhuais
ina thaobh san ort.
Cuireann briathra sna trithí tú,
is an modh ordaitheach,
ní mór ná go dtachtann le greann.
Dúisigh. Codail. Dein. Ná dein. Bí ...

Tá do bhéarlagar féin agat,
réamhurlabhra a thuigfeadh dúramán
nó an teangeolaí féin le haimsir.
Straois. Strainc. Scread.
Gnúsacht. Meánfach. Tost
gur léir don uile a bhrí uilíoch.

Tán tú chun deiridh
de réir chairteacha na ndochtúirí,
na saineolaithe linbh leanbaí.
Ach má thugann tú leat,
mar is baolach go dtabharfaidh,
oiread focal is tá rialacha graiméar
i leabharlanna an Ghúim

ní déarfaidh tú aon ní
gur fiú aon ní in aon chor é
thar an méid a d'fhoghlaimís
in aragal na broinne:
poncaíocht do gháire droim ar ais,
díochlaonadh na fearthainne id dheoir.

Grammar

You can't talk yet, and you're not
too put out about that.
Words send you into convulsions,
especially verbs – the Imperative Mood
is the funniest thing you've ever heard.
Wake up. Go asleep. Do. Don't. Be.

You have your own lingo
any fool could understand,
even a linguist, given time.
Grin. Yowl. Gurn.
Yawn. Grunt. Silence
that makes perfect
sense to everyone.

You're behind schedule
according to doctors' charts,
the childish child experts.
But if you learn, and I'm afraid you will,
as many words as there are rules of grammar
in the libraries of the Vatican

you won't say a blessed thing
worth anything more
than what you've already learned
in the womb's elocution room,
the punctuation of laughter back to front,
the declension of rain into tears.

Inghean

Tá sí chomh lán de nádúr le crúiscín
ag cur thar maoil le bainne,
nó buicéad uisce
líonta thar a bhruach
ag stealladh farraige
ar an ngaineamh spalptha.

Scairdeann sí áthas gan smál
is beireann chugam an farasbarr,
curadhmhír an tsolais
i mbasa fíneálta
gan deoir a dhoirteadh.

Tá eagla orm breith uaithi
ar an dtaoide lán
i mbabhla scoilte mo lámh

nó go ritheann an sáile os mo chionn
is briseann ar mhéaracán mo chroí
ná toillfeadh seile cuaiche ann

murach í.

Daughter

She is full of love
as a milkjug, filled
to the lip and above
or a brimming bucket
spilling sea
on parched sand.

She pours pure joy
and brings me the best of it,
the champion's portion of light
in cupped hands, never spilling a drop.

I am afraid to take hold
of the tide
in the cracked bowl of my fists,

but the sea rushes in over my head,
flooding the thimble of my heart
that couldn't, but for her,

                    catch a cuckoo spit.

Timpbriste

Critheann an driosúr le sceon;
léimeann gréithre ar urlár coincréite.

Cromann bord stuama ag longadán;
scairdeann crúiscín is citeal
imeagla ar chairpéidí olna.

Éiríonn an t-iasc órga as a chillín gloine
le gníomh radaiceach féinurlabhra,
neamhspleách ar uair a bháis.

Suíonn an sceimhlitheoir soineanta
in aice na teilifíse,
ag ithe calóg arbhair.

Accidentally

The kitchen dresser trembles with fright
as dishes hurl themselves on concrete floors.

A sensible teak table starts rocking;
jugs and kettles spill
terror on woollen carpets.

The goldfish rises from his glass cell
in a radical gesture of self-expression,
free to die at last.

The terrorist, wide-eyed and innocent,
sits by the television
eating Corn Flakes.

Iarlais

Chuir sí a dhá láimh
in airde go humhal
gur bhaineas di
a geansaí róchúng
is d'imigh de chromrúid
ar a camchosa
ag sciorradh ar an urlár sleamhain
go dtí an folcadán.

I bhfaiteadh na súl,
ghaibh an iarlais uimpi
cló muirneach m'iníne
is rith isteach
sa tsíoraíocht uaim
ar bhóthar gan ceann
i Vítneam Theas,
chomh lomnocht
le súil gan fora,
gan luid uirthi
a cheilfeadh a cabhail thanaí
ar mo shúil mhillteach
nuair a chaoch an ceamara
leathshúil dhall uirthi mar seo.

Nuair a nochtann tú chugam
ag scréachaíl le tinneas,
tá taise a cló buailte
ar do chraiceann fliuch,
atá loiscthe ag an uisce fiuchta,
ag allas scólta mo shúl.

Changeling

She did as she was told,
putting her two arms
over her head
while I pulled off
her too tight jumper,
then scuttled away,
slipping and sliding
on the greasy floor,
heading for the bath.

In the blink of an eye,
the changeling took on
my daughter's beloved form,
running from me
into eternity
on an unending road
in South Vietnam,
bare as an unlidded eye,
without a stitch
to protect her
from my evil eye
when the camera winked
a blind eye at her,
like this.

When you come back
screaming with pain,
the scars of the other one
are printed on your dripping skin,
scalded by the boiling water
sweating from my eyes.

Piseoga

'Beidh a cuid féin ag an bhfarraige,'
adeiridis mná an oileáin,
ag fanacht go dochtbhéalach
lena bhfearaibh a theacht
thar charraigreacha báite
is tonntracha briste,
slán ó dhrochshíon is aimsir chorrach,
ó aigne shuaite na mara.

Ní ghéillimid faic
dá bpiseoga míréasúnta.

'Sin é an saol,' adeirimid go cruachúiseach,
inár seasamh ar an dtrá thirim,
ag Súil le dia go dtiocfaidh na leanaí
i gcurracha guagacha a gcraicinn shoghonta
thar na fochaisí atá faoi cheilt
i nguairneán aigne fir.

'Sin é an saol,' adeirimid go heolgaiseach,
chomh piseogach, aineolach,
chomh sceimhlithe le baintreacha an Bhlascaeid.

Pishrogues

'The sea will have its own.' Tightlipped,
the islandwomen whispered it,
waiting for their men to return
past treacherous reefs and broken seas,
safe from storms and unpredictable weather,
the unstable mind of the sea.

We don't believe
their silly superstitions.

'That's life,' we say knowingly,
standing on dry land,
Hoping (to god) our children return
in the fragile currachs of their precious skin
over the rocks that hide
in the swirling deep of the heart.

'That's life,' we say,
as though we knew it all,
ignorant and superstitious,
terrified as any Blasket widow.

Idir dhá linn

Tá am na gcuairteoirí thart

is táim im sheasamh ag stad
an bhus, trasna na sráide
ó Oispidéal Ríoga na mBan,

greim docht agam
ar lámha na leanaí.

Tá Áthas ag cur di
in ard a cinn, mar is gnáth,

agus Amhras, a deartháir,
ag pléascadh le huisce.

Ainneoinn na dtreoracha
a thugais dom ar ball
níl a fhios agam
ó thalamh an domhain

cén fhuinneog
a bhfuileann tú
id sheasamh
led bhurla beag
dóchais is caca.

Níl eadrainn ach
leithead Sráid Grattan,
ceithre urlár
agus pasáiste gearr
antaiseipteach

In the meantime

Visiting time is over

and there I am, standing
at the bus stop, across the street
from the Royal Women's Hospital,

holding my children's hands
as tight as ever I can.

Happy prattles away
thirteen to the dozen as per usual,

while Dubious, the brother,
is bursting for the toilet.

After all the directions
you gave me a short while ago,
for the life of me
I can't remember

which window
you're standing at
with your little bundle
of hope and shit.

There's nothing between us,
only the width of Grattan Street,
four floors
and a short
antiseptic corridor

ach tá sé ródhéanach
cheana le dul siar

thar na poill bheaga
i ndromchla an ama,

mo dhá láimh
a chur timpeall ort
is féachaint
thar do ghualainn amach

ar an gcréatúr bocht
ag stad an bhus

a bhfuil aoibh
an tsonais ar a bhéal,
agus greim scaoilte
ag na leanaí
ar a lámha.

Tá Inné ag cur di
gan stop, Inniu
ag pléascadh le huisce,

Amárach ina codladh,
caoch ar ucht a máthar.

but it's already too late
to cross over

the small potholes
in the surface of time,

to put my arms
around you
and look out
over your shoulder

at the poor fool
still there at the bus stop

smiling all over
his face, his children
barely holding
on to his hands:

– Yesterday still going
thirteen to the dozen,
Today bursting for the toilet,

Tomorrow, blind,
asleep in her mother's arms.

Caipín an tsonais

Tá'n briatharchath laethúil thart,
lá lán d'fhocail gan éifeacht
glanta as an dtigh
leis an ndramhaíl choiteann.
Ní gá dhom labhairt
ná carabhat na bhfocal
a chur orm arís go maidin.

Airím néalanáil na leanaí
ag suansiúl ar fuaid an tí
chomh cainteach le méara na mbalbh
ag trácht ar nithe
ná cloiseann an aigne i gceart
nó go gcuirtear snaidhm
ar a teanga righin.

Tá catbhean ag crónán lem ais,
fonn macnais ag lúbarnaíl
trína colainn síos,
a barraicíní lem ioscaidí
chomh híogair le teanga piscín
ag leadhbadh bainne.

Tá mo chroí chomh hata
le mála plaisteach sa tsráid
a chruinníonn bruscar fearthainne.
Táim chomh héadrom
go séidfeadh braim dreoilín mé
de chlár na cruinne cé

The lucky caul

The daily verbals are over,
another day of useless talk
brushed out the door
with the usual rubbish.
I don't have to speak
or strangle myself again
in the collar and tie
of talk until tomorrow.

I hear children's dreambreath
sleepwalking round the house,
fluent as sign language
telling of things
the mind can't hear
until the tongue is tied.

Catwoman purrs beside me,
bad thoughts slinking
through her stretching limbs.
Her toes touch the hollows
behind my knees, eager
as a kitten's tongue lapping milk.

My heart is as swollen
as a plastic bag in a gutter
full of rainrubbish.
I'm so insubstantial
a wren's fart would blow me
clean into the next world.

go mb'fhearr liom
ná an tsíoraíocht thall
an neomat beannaithe seo
gan tús ná deireadh
atá caite cheana
i bhfaiteadh eití aingil.

Only better than all eternity
this moment
that always was
and will be gone
in the beat
of an angel's wing.

Aonach na dtorthaí

Fé mar a chroithfeadh grian phiseogach
pinse salainn thar ghualainn nocht
    is go dtitfeadh
    ina frasa solais
    ar do chraiceann goirt,
        tá conamar breicní
    ar do cholainn anocht.

    Nuair a bhaineann tú díot
        na snátha dorcha
    a cheileann gile do ghéag,
        ligeann do chorp
        a sainchumhracht
            mar úll glas
        nuair a bhaintear
    a chraiceann snasta.

'Péirín, a bhuachaill,' adeir tusa,
        urú duaircis
    ar do gháire lae leathaigh,
        'tá deireadh anois
        le séasúr na n-úll,'
            is leagann tú
            scáil do mhéar
        ar chnaipe stomptha
            an tsolais.

Apples and pears

As though a superstitious sun
had thrown a pinch of salt
over its shoulder
– flitters of light
falling
on your seawashed skin –
tonight your body
is stippled with freckles.

When you take off
the dark threads
that hide the brightness
of your limbs,
your body breathes
its own scent:
a green apple
peeled of its polished skin.

'You mean a pear,' you say,
your equinoctial smile
eclipsed a little
by the sadness of the moon,
'the time for apples
is long gone.'
The shadow of your finger
lingers on the broken lightswitch.

Múchtar an ghrian
is éiríonn
gealach lán
as úllghort creachta
lena slad,
crochann réaltbhuíon
na dtorthaí úra
ar chrann lom na firmiminte

mar a bheadh laindéirí draíochta
ag lonrú
ar do cholainn thorthúil,
a chuireann uisce
trím fhiacla i gcónaí
lena blas péiríní
is úll aibí.

The sun is turned off
and a full moon rises
from a gutted orchard
with her haul.

She hangs a constellation
of fresh fruits
on the bare branches of the sky,
like magic lanterns
shining
on your ripening body
that makes my teeth water:
the promise of pears and perfect apples.

Síoda na mbó

Chuimhníos ar m'athair críonna
i ré na clochaoise
sa seid réamhstairiúil
ag sniogadh gile
as sine righin na seanbhó

nuair a chas EI 32
a smut tais
ag smúrthaíl
i dtreo an bhaile

chomh malltriallach
leis an ndroimeann sheasc
a d'fhéach thar n'ais
ar ghlaise na gcnoc
ná tálfaidh sí choíche ina lacht

sara gcuaigh isteach
i dtrucail donn
dílis an tseamlais.

Silk of the kine

I remembered my Grandad
back in the stone age
in that prehistoric shed
milking light
from the hard teat
of an old cow

when flight EI 32
turned its dripping snout
towards home,

as cumbersome
as the barren
white-backed heifer
that took one last look
at the green hills
she will never turn to milk

before boarding the ramp
of the faithful, brown,
slaughterhouse truck.

Fáilte Uí Dhonnchú

Ar shráideanna naofa
Chathair na dTreabh,
mar a bhfuair Cromail,
de réir an tseanchais,
lóistín dá chapall
i sanctóir eaglaise,
tá boladh spíosraí san aer
a chuirfeadh faobhar
ar ghoile Céile Dé.

Tá port feadóige ag séideadh
as bolg an tseanbhaile,
anáil na staire isteach
tré fhallaí fuara
dheisceart Chonamara.

I lár an aonaigh
lena súile bó, tá bean
ón Rúmáin ina suí le geata
meánaoiseach an tséipéil,
cárta mór faoina muineál
mar a bheadh peaca marfach
á admháil aici i láthair na bhfiréan.

– *Ladies and gentlemen...*,
adeir an pheannaireacht chaol,
is ní scoithfí níos tapúla í
dá nochtfadh sí cíoch
nó géag theasctha. – *Ladies
and gentlemen... please.*

O'Donoghue's Welcome

On the holy streets
of the City of the Tribes,
where legend has it
that Cromwell stabled his horses
in the sanctuary of a church,
there's a smell of spices in the air
that would whet the appetite of God's wife.

A tin-whistle tune blows
from the belly of the old town,
the breath of history
through the cold walls
of South Connemara.

In the middle of the market
with her cow-eyes,
a Romanian woman
sits at the gates of St Nicholas's,
a placard around her neck
as though she were admitting
a mortal sin before the elders:

'Ladies and gentlemen,'
says the scrawny handwriting,
and we wouldn't pass her
any quicker if she exposed
a breast or a withered limb.
'Ladies and gentlemen, please.'

Tá an cupa *polystyrene* os a comhair
ag cur thar maoil le dea-mhéin
an Aire Dlí agus Cirt (sic),
a goile ag ceol le hocras.

The polystyrene cup at her feet
is filled to the brim
with the best wishes
of the Minister for Justice (sic),
her stomach singing with hunger.

Gaeilgeoirí

Ó cé, níor chuireamar Pinnocchio,
ár dTaoiseach caincíneach as oifig.

Níor bhain an saighdiúir
a mhéar thais den truicear aclaí
chun toitín a dheargadh
don sceimhlitheoir sceimhlithe.

Níor tháinig an Dr Paisley ná Easpag Luimnigh
go dtí na ranganna éacúiméineacha
i gClub an Chonartha.

Níor chuireamar imchasadh na cruinne
oiread is leathorlach dá chúrsa docht
ná tír seo na dtrudairí geanúla
as a riocht
Gallda.

Cad leis go rabhamar ag súil?

Go mbeadh tincéirí chun lóin
in Áras an Uachtaráin?

Go n-éistfí linn?

Mhuise.

Tá gach focal mallaithe
den teanga bhalbh seo
ina mhianach caoch
faoi thalamh bhodhar,
ag pléascadh gan dochar
fénár gcosa nochtaithe.

Irishians

Okay, so we didn't impeach Pinocchio,
the Taoiseach with the remarkable nose.

The soldier didn't move
his itchy finger
from the glib trigger
to light a cigarette
for the terrified terrorist.

Dr Paisley and the Bishop of Limerick
never showed up for their ecumenical classes
at the Conradh na Gaeilge Club.

We didn't tilt the world
one degree off its axis
or jolt this country
of genial stutterers
from its West British rut.

What did we expect?

That tinkers could drop in for lunch
at Áras an Uachtaráin?

That people would listen to us?

Wisha.

Every awful word
of this dumb language
is a blank landmine
under the careless earth,
exploding harmlessly
beneath our bare feet.

Ceartúcháin

I rang a ceathair sa scoil náisiúnta,
d'fhág fuarbholadh cailce is sceon
buachaillí beaga i mbrístí gearra
a smúit fhéin ar fhuinneoga dúnta.

Ar bhord an mháistir,
mar a bheadh slaitín draíochta
i ngeamaireacht Nollag,
bhí bambú fillte i bpáipéar ruithneach
don ghramaisc nár fhoghlaim
a gceachtanna go beacht.

Im ainglín i gcúl an ranga,
chomh naofa le de Valera,
do labhair an spiorad naoimh im chluais
is litríomar in éineacht focail chrua
a thug máistreacht na cruinne
do bhuachaillí maithe.

Do shiúl An Ceart
ar bhonnaibh leathair inár measc,
feairín pioctha a raibh othras goile air
a mhúin dom uaillmhian agus dul chun cinn,
drochmheas don mhall, don amadán.

Dá gcífeá anois mé, a mháistir,
do bhuachaill bán,
cad déarfá liomsa mar amadán?

Corrections

In fourth class at National School
the musty smell of chalk,
of scared little boys in short pants,
left grimy streaks on shut windows.

On the teacher's desk,
like a magic wand
in a Christmas panto,
a bamboo, wrapped in tinsel,
for gurriers who never learned.

I was an angel in the back row,
saintly as de Valera;
the Holy Ghost whispered in my ear
and together we spelt correctly
hard words that gave the whole world
to good boys like me.

Justice walked amongst us on leather soles,
a fussy little man with a stomach ulcer
who taught me ambition,
how to get ahead,
contempt for the slow ones, the fools.

If you could see me again, sir,
your whiteheaded boy,
would you take me for a fool?

Finscéal

Díbeartach ab ea í sin,
glan amach as finscéal
ón bhFionnlainn,
súile chomh mór le fochupáin
is gruaig chomh fionn
go gcaithfí an focal a chumadh
mura mbeadh sé ann cheana
le teacht ar ghile a foilt.

Bhíothas sa tóir uirthi
is bhíomar sa bhforaois
nár foraois in aon chor
ach trá airgid
in aice le cloch na rón.
Bhíos ag gabháil roimpi,
ag réiteach na slí di,
mar a mheasas,
mo dhá chois fathaigh
báite sa sneachta
nár sneachta in aon chor
ach gaineamh bhuí
a bhí déanta ag túirne
na samhlaíochta thar oíche.

Bhíos á griogadh is á gríosadh
le coimeád suas liom
ach ní fhéadfainn
féachaint im dhiaidh
ar eagla m'eagla féin.

Fairytale

She was a refugee,
straight out of a fairytale
from Finland,
eyes as big as saucers
and hair so fair
if the word didn't exist
you'd have to make it up
to match the brightness
swept back from her face.

They were after her,
and we were deep inside
the forest that wasn't
a forest at all,
only a silver strand
beside the seal rock.
I was ahead of her,
preparing the way,
or so I thought,
my two giant feet
buried in snow
that wasn't snow at all,
only golden sand
spun from the loom
of imagination during the night.

I was coaxing and cajoling her
to keep up with me
too afraid of being afraid
to look behind me.

Bhí sise ag canadh
chomh hard is a a bhí inti
le misneach a thabhairt dúinn beirt,
is bhí a fhios agam
nach dtiocfadh sí suas liom go deo.

Má fhanann tú léi,
adúirt mo choinsias,
béarfar ar an mbeirt agaibh
is caithfidh duine éigin teacht slán
chun go mairfidh a scéal
ina diaidh, go mbeidh a fhios
ag an saol is a máthair
gur dheinis-se do dhícheall
ach go háirithe.

I bhfad tréis dóibh
a cuid focal caol a cheangal
is ceirt ramhar an chiúnais
a chur siar ina béal briste,
airím, is dóigh liom,
a glór caoin ag dul faoi
sna poill atá tochailte
ag sluaiste troma mo bhróg.
Cloisim an t-amhrán céanna
i gcónaí á rá go leanfaidh sí
go himeall an domhain mé
agus thairis amach más gá,
nach gcoimeádfaidh sí siar go brách mé
ó na harda atá ceaptha
ó thús an tsaoil dom leithéid.

She was singing
as loud as she could
to keep our spirits up
and I knew she would never
ever catch up.

Wait for her,
my conscience said,
they'll catch you both,
and someone
has to make it
so her story will be heard,
so the world and its mother
will know that you, at least,
did everything you could.

For a long time after
they tied her famished words
and gagged her broken mouth
with the filthy rags of silence,
I can hear, I think,
her soft voice sinking
in the holes dug up
by the heavy shovels of my shoes.
I hear the same song,
over and over, telling them
she would follow me
to the ends of the earth
and further if she had to,
that she would never keep me back
from the heights that I
and others like me
were destined to climb
since the beginning of time.

Tá a fhios agam, ar sise,
nach bhfágfadh sé anso mé
mura gcaithfeadh sé dul ar aghaidh
ar mo shonsa. Ar mo shonsa amháin
a d'fhág sé ina dhiaidh mé.

I know, she says,
he would never have left me
only he had to keep going
for my sake. He left me
for my own sake.

Comhcheilg na súl

Tá a pictiúr sa pháipéar ar maidin,
an cailín
atá ar iarraidh le seachtain.

Féachann sí orm
mar a d'fhéach, ní foláir,
ar an té a ghlac an grianghraf,

cara dil
nó leannán fir, a déarfainn,
ó loinnir na comhcheilge
ina súil,

féachann sí orm
le hiontaoibh shoineanta iomlán.

Braithim, ina dhiaidh sin,
míshocracht éigin os cionn a gáire,
imní ag bordáil le cúinne a béil
mar a bheadh leide faighte aici roimhré,
roimh chomhcheilg na súl
as a dtarla sí féin,
gur ghearr a ré.

Níl aon dealramh aici,
dubh, bán ná riabhach,
le héinne dem chlannsa iníon.

Conspiracy of eyes

Her picture is in the morning paper,
the girl
who's been missing for a week.

She looks at me
like she must've looked
at the one who took the photograph,

a close friend,
or boyfriend, I'd say,
from the hint
of mischief in her eyes.

She looks at me
with complete misplaced confidence.

And still I feel a jitter
hanging over her smile,
worrying the corners of her mouth
as if she'd got some inkling,
before the conspiring of eyes
from which she was born,
she wasn't long
for this world.

She looks nothing at all
like any of my daughters.

Ach tá Dia ar iarraidh
le seachtain
is ní féidir liom
féachaint go cruinn
ar na hógmhná
codlatacha im thimpeall
aimsir bhricfeasta
a bhfuil dealramh ina ngné acu
leis an té is ansa liom sa tsaol.

Cuirim páipéar na maidine
idir mé
is an mhuinín
shoineanta iomlán
a chím ag stánadh orm
as a súile dorcha gan scáth.

But God
has gone missing
for the past week
and I can't look too closely
at the drowsy young ones
at their breakfast beside me
with a likeness in their looks
to the one I love the most.

I put the morning paper
between me
and the complete
misplaced confidence
that stares me out
from their dark eyes unafraid.

Cranndacht

Chuir sí crann caorthainn
sa ghairdín inniu

chuimil a préamhacha
sular neadaigh i bpoll

méara chomh slim
le duilliúr an chrainn

a roghnaigh sí
dem bhuíochas.

    Fiúise, ar ndóigh,
    a bhí uaimse,
    cloigíní fola,
    deora Dé.

Is fada léi, a deir sí,
go bhfásfaidh an crann
go dtí an fhuinneog i mbarr an tí
mar a gcodlaíonn sí,

smearadh cré
ar a lámha leonta cailín
is iníon rí Gréige ag siúl
na hallaí bána laistiar dá súil.

    Tá rian fola
    ar stoc an chrainn
    ina diaidh
    nach féidir
    le máthair na báistí
    a ghlanadh ná a leigheas.

Trees

She planted mountain
ash in the garden today

teasing the roots
before easing them
into the earth

fingers as slender
as the leaves of the tree

she chose herself
in spite of me.

> I wanted fuchsia,
> of course,
> bloodbells,
> Godtears.

She can't wait, she says,
for the tree to grow high
as the topmost window
where she sleeps,

earthstains on her torn fingers
and a Greek king's daughter
walking the white halls
behind her eyes.

> She's left a bloodstain
> on the bole of the tree
> that the rain's mother
> can't clean or heal.

Nuair a éiríonn an fhuil
i ngéaga an chaorthainn
dem bhuíochas, braithim
an chré ag análú go trom
sa seomra codlata in aice liom.

Go domhain san oíche
ionam féin, goileann Dia
racht fiúisí os íseal.
Ní féidir a thocht a mhaolú.

When the blood rises
in the arms of the mountain ash
in spite of me, I feel
the earth breathing heavily
in the bedroom next to mine.

      In the dead of night
      in me, God cries
      buckets of fuchsia
      so quiet that no one
      hears his grief without end.

Sméara dubha

Priocann sí braonta fola den sceach,
súile daite chomh glé
leis an am le teacht
nár dhoirchigh a hóige go fóill.

Más buan mo chuimhne, adeir sí,
bliain tréis filleadh ón iasacht,
níl na sméara chomh blasta in aon chor
le sneachta na bliana seo caite.

Tá gile na taoide
chomh hard leis an ngrian
a líonann gach cuas dá cuisle,
is dealg sa chaint i ngan fhios di
a réabann craiceann mo mhéar.

Ba mhaith léi go mblaisfinn
den mhilseacht dhubh
atá chomh searbh
leis an bhfírinne ghlan
ar bharr mo theanga.

Ó thabharfainn an lá seo
is na laethanta gearra go léir
a tháinig roimhe dem shaol
ach greim scrogaill a bhreith
ar an uain is é a thachtadh,

go mblaisfeadh sí arís is arís eile
de sholas an lae seo ag dul as
chomh ciúin le sneachta na bliana seo caite
nár bhuail (is nach mbuailfidh)
urlár an tsaoil seo go deo.

Blackberries

She plucks blood from the briars,
shadowed eyes as bright
as time to come
that has not yet darkened her light.

If I remember rightly, she says,
a year after our return,
the blackberries aren't nearly as sweet
as last year's snow.

The white tide
is high as the sun
surging in her pulse,
and a thorn in her talk,
unbeknownst to her,
skins my fingers.

She wants me to taste
the black sweetness,
bitter as truth
on the tip of my tongue.

If I could take this day
and all the little days
of my life, now gone,
I would, catch time by the throat,
and choke it until it stopped

so she could taste time and again
the leaving light of this day
silent as last year's snow
that never fell (nor will fall)
upon this earth.

Maidin sa domhan thiar

Ní fhéadfainn a rá leat
cá rabhas go díreach
ach gur minic cheana
a bhíomar ann in éineacht.
Bhí bóthar na spéire cam
is inneall an ghluaisteáin
chomh bodhar leis an eitleán
a shínigh a ainm
ar imeall na cruthaitheachta ar ball.

Bhí mus an aitinn ar éadaí leanaí
amuigh ar líne ar chúl gach tí,
grá bán ag sileadh anuas dóibh
ar thalamh mín.
Bhí samhaircín i bhformad
le cosa fada an chromchinn
is máithreacha óga ag brionglóidigh
faoi sholas na toinne
a bhriseadh ina smidiríní airgid tráth
ar chósta fada in iarthar a gcuimhne.

Bhí an ghrian dom leanúint
ar feadh na slí
fé mar gur liomsa
a solas le ceart.
Níor dheacair a chreidiúint
gurb é Dia a chum
saol seo na saol
dúinne agus dár leanaí amháin,
gurb é a mhac
a thug a dhath don bhfiúise
a dhoirt anuas orm
ó dhá thaobh an bhóthair.

Once upon a time in the west

I couldn't tell you
exactly where I was
but we've been there
often enough before.
The sky road was twisted
and the drone of the car
as loud as the airplane
that signed its name
at the edge of creation just now.

The smell of gorse was in children's clothes
hung out to dry behind every house,
bright love dripping from them
onto the gentle ground.
A primrose envied
the long legs of the daffodil
as young mothers dreamed
of the light of the sea
that broke in silver shards
once upon a time
on a long coastline
at the back of their minds.

The sun was following me all the way
as if its light were mine by rights.
It wasn't difficult to believe
it was God who had made
this best of worlds for us alone
and for our children,
that it was his son
who gave the fuchsia its colour
as it bled down on me
from both sides of the road.

Ní fhéadfainn a rá leat cá rabhas
ach gur trua liom
ná rabhais ann im theannta
ó bhí an saol
chomh hálainn leis an lá
is mo chroí chomh hard
leis an eitleán
nár fhág rian na seilide féin
ar spéir ghlan na hÉireann
is é ag triall in aghaidh na gréine,
an aimsir fháistineach
craptha ina bhroinn ata.

I couldn't tell you where I was
but I wish
you had been there with me
when the world was as lovely
as the day was long
and my heart as high
as the airplane
that left not so much as a snail's trail
across the clear skies of Ireland
as it made its way against the sun,
the future tense
in its cramped womb.

Gnóthaí eachtracha

Seacht neomat déag
chun a seacht
sa seomra imeachta
in Aerfort na Sionainne,

tá ceacht i gcumhacht-
pholaitíocht an chluiche
á mhúineadh ag bean ard fionn
as cathair Luimnigh

do bhall soineanta
d'fhoireann rugbaí Chonnacht
atá ag imirt as baile
den gcéad uair.

Tá craobh an domhain
sa rince Gaelach ar siúl
i nGlaschú,
is tá máthair Mhicaela

ag iarraidh an t-aer míbhéasach
timpeall ar ghruaig a hiníne
a dhíbirt sara scriosfaidh sé
na coirníní go léir

a chuir sí tríthi aréir.
(Fan socair, a chailín,
go gcuirfidh do Mhamaí
an saol ina cheart duit.)

Foreign affairs

Seventeen minutes
to seven
in the departure lounge
at Shannon Airport,

a tall blonde
woman from Limerick
is explaining
the realpolitik of rugby

to a gobsmacked member
of the Connaught team
who's playing away
for the first time.

The Irish Dancing
World Championship
is being held in Glasgow
and Micaela's mother

is doing her level best
to shoo away
the unruly air
around her daughter's hair

before it ruins
the ringlets she twisted
through it last night.
(Sit still, young one,
and Mammy will sort it.)

Tá tráchtas N á léamh agam:
The eye of history: Spatiality and
colonial cartography in Ireland
is tá sé ar fheabhas an tsaoil,

an scríbhneoireacht
chomh fáiscthe
go ritheann sé liom
go bhféadfadh sí coirníní

a cheangal i bhfolt aimhréidh
an Bhéarla, is leathláimh léi
taobh thiar dá droim.
A leithéid seo, mar shampla:

Despite their aura of authenticity
and authority, maps do not always
tell the 'truth' or represent space
with an accuracy to which they lay claim.

Like any other culturally defined product,
maps often tell us as much about the priorities
and biases of the mapmaker as they do
about the spaces they purport to represent.

Spás metifisiciúil atá i gceist aici,
ar ndóigh, goirt chultúir
agus teangan chomh maith
leis an talamh go léir

a folmhaíodh is a balbhaíodh
ó choncas Éilíse ar aghaidh.
The thesis concentrates on how cartography,
as a specific form of spatial thinking,

I'm reading N's thesis:
The eye of history: Spatiality and
colonial cartography in Ireland

and it's first class,
the writing so fine
it occurs to me
she could weave ringlets

in the unruly mop of English
with one hand tied
behind her back.
For instance:

Despite their aura of authenticity
and authority, maps do not always
tell the 'truth' or represent space
with an accuracy to which they lay claim.

Like any other culturally defined product,
maps often tell us as much about the priorities
and biases of the mapmaker as they do
about the spaces they purport to represent.

She means metaphysical space,
of course, the fields of culture
and language as well
as the land itself

that was emptied and silenced
after the Elizabethan conquest.
The thesis concentrates on how cartography,
as a specific form of spatial thinking,

was involved in the 'desocialisation'
of Gaelic Irish space, which in turn
allowed for its subsequent reinscription
within a narrative of British imperial expansion.

Lasmuigh den scoil rince,
mise is an fhoireann rugbaí,
agus cúpla straigléir
ó Chontae an Chláir

ar léir go raibh an-oíche
aréir acu, Meiriceánaigh is mó
atá anso, ag feitheamh le hoscailt
an tsiopa saor ó dhleacht

sara bhfillfidh siad ar ais
ar an saol. Tá mo cheann
báite agam sa tráchtas
nuair a chloisim seabhrán

mar a bheadh piliúr á bhogadh
ag altra faoi cheann othair
nó bean ag ransáil
tré tharraiceán éadaí

is tá na céadta saighdiúir
ag gabháil tharam in éide
dhonnliath chomh leamh
le soimint. Tá cannaí Coke,

ina lámha, nó cupáin chaifé
faoi mhuinchillí cairtchláir
chun ná loiscfear a mbasa.
Táid ard, íseal, ramhar, seang,

was involved in the 'desocialisation'
of Gaelic Irish space, which in turn
allowed for its subsequent reinscription
within a narrative of British imperial expansion.

Apart from the dance school,
myself and the rugby crowd
and a couple of stragglers
from County Clare

who obviously had the time
of their lives last night,
it's mostly Americans
waiting for the duty free to open

before they return
to normality. My head
is buried in the thesis
when I hear rustling –

like a nurse fixing
a pillow or a woman
rummaging
in a clothes drawer –

and there are hundreds
of soldiers walking past me
in dun grey fatigues
dull as cement. They have

cans of Coke in their hands
or cups of coffee
with cardboard sleeves
so they won't scald their fingers.

fireann, baineann, gorm,
geal agus buí. Tá spéaclaí
ar chuid acu (spéaclaí!)
is táid óg óg óg óg...

is tá daoine ina seasamh
ag bualadh bas is ag bualadh bas
do na buachaillí is na cailíní
cróga óga atá dearg

go bun na gcluas, ag ligint orthu
ná fuil aon ní as an ngnáth
ar siúl an tráth seo de mhaidin
sa seomra imeachta in Aerfort

na Sionainne. Leanaimidne
dea-shampla na saighdiúirí,
mise is an fhoireann rugbaí,
an scoil rince, is fir an iarthair.

Ní thugaimid aon chomhartha
go raibh a leithéid riamh inár measc
ach leanúint orainn
mar a bhíomar sara dtángadar.

Dírím arís
ar na habairtí geala
os mo chomhair –

The 'unhomeliness' of the colonial unheimlich
is thus an ambivalent condition
where the once known and familiar
has now become strange and alienated

There are tall ones and small ones,
fat and thin, men and women,
black, white, and yellow;
some of them are even
wearing glasses, (glasses!),

and they are all really, awfully,
young... and people are standing up now,
clapping for all their worth,
applauding the brave young boys and girls

who are blushing furiously,
trying to pretend nothing
unusual is happening
at this hour of the morning

in the departure lounge
at Shannon Airport. We follow
the good example of the soldiers,
myself and the rugby team,

the dance school and the men
of the West, making no sign
they were ever here,
as we keep on with what we were doing

before they came. I concentrate
again on the polished
sentences in front of me –

The 'unhomeliness' of the colonial unheimlich
is thus an ambivalent condition
where the once known and familiar
has now become strange and alienated

through the process of colonial othering.
The concept of 'home' (in its private
and public senses) becomes unheimlich,
being unhoused or displaced in the colonial context

where the domestic sphere
becomes the site of foreign re-inscription.
In ainm dílis Dé, Micaela,
éirigh as an mbéicíl is lig

dod Mhamaí do ghruaig
bharbartha a cheangal.
Ní aithneoidh tú tú fhéin
ach a mbeidh sí réidh leat.

through the process of colonial othering.
The concept of 'home' (in its private
and public senses) becomes unheimlich,
being unhoused or displaced in the colonial context

where the domestic sphere
becomes the site of foreign re-inscription.
In the name of Almighty God,
Micaela, would you ever stop

roaring and let your mother
tie up your impossible hair.
You won't know yourself
by the time she's finished.

Laethanta saoire

ag deireadh an tséasúir
tá na *deck-chairs*
chomh huaigneach
le liathróid trá
faoin staighre
sa dílleachtlann;

seasann siad
ina líne dhíreach
timpeall na linne snámha,
lámha ceangailte
laistiar dá ndroim:

cimí
le bruach an phoill,
réidh le scaoileadh

Holidays

in close season
the deck-chairs
are lonely
as a beach ball
under an orphanage stairs;

they stand,
straight lined
around the pool,
hands tied
behind their backs:

prisoners
on the lip of the pit,
ready to be shot

Galway Kinnell sa Ghaillimh

Sheasamair sa scuaine,
mar a bheimis ar shochraid,
a chuid dánta brúite
mar a bheadh leabhar urnaí
le hucht gach duine sa tslua.

Nuair a d'éirigh den gcathaoir,
ní bheadh a fhios agat
an duine de chlann an mhairbh
a bhí ag croitheadh láimhe leat
nó an marbh fhéin
a bhí ag éirí aníos sa chónra
le comhbhrón a dhéanamh
le cara nár aithin sé a thuilleadh.

Nuair a shínigh sé na leabhair
le seanapheann dúigh,
ba dhóigh leat go raibh
Naomh Proinsias tagtha
in áit a chomrádaí chrosta
ag geataí na bhFlaitheas,
go mbeadh cead isteach feasta
ag gach éinne ón duine
a mhúin a háilleacht thuathalach
don gcráin mhuice
nó gur bhláthaigh sí ina nádúr féin:

for everything flowers, from within, of self-blessing:
though sometimes it is necessary
to reteach a thing its loveliness.

Kinnell in Galway

We stood in the queue,
like mourners at a removal,
clutching his poems
like missals to our chests.

As he rose from his chair,
it was hard to tell
if he was family
shaking your hand
or the corpse himself
rising from the coffin
to shake the hand of a friend
he no longer recognised.

When he signed our books
with an old fountain pen,
you'd think St Francis had taken over
from his cantankerous colleague
at the gates of Heaven,
that everyone would be let in
by the man who taught the sow
its awkward beauty
so it blossomed in its own nature:

for everything flowers from within, of self-blessing:
though sometimes it is necessary
to reteach a thing its loveliness.

Ba theangbháil le huaigneas
is le huaisleacht ghortaithe
a shúil do thuirlingt ort.

Tuigim, adúirt an tsúil,
múinteoir maith
sa rang mícheart,
nach gá an t-uaigneas
a mhíniú duitse

though sometimes it is necessary
to reteach a thing its loveliness.

D'iarr sé orainn
gan na leabhair a dhúnadh
nó go dtriomódh a ainm
ar an leathanach.

Nuair a d'fhéachas im thimpeall
bhí leabhair ag craitheadh a sciathán
i bhforhalla na hamharclainne:

faoileáin tar éis cheatha,
nó gearrchailí Gotacha

ag croitheadh chiarsúir a lámh
le go righneodh an dath
ar a n-inginí dubha.

Agus ó, a Ghaillimh, a dhuine,
dá dtriomódh na deora
chomh tapaidh céanna,

dá righneodh an croí leonta.

When his eye caught ours, we recognised
the loneliness and the gentle hurt.

I know, his eyes said,
I'm teaching the wrong class.
You already know
all about loneliness

though sometimes it is necessary
to reteach a thing its loveliness.

He warned us not to close the books
until the ink had dried on the page.

When I looked around, books
were shaking themselves dry
in the theatre foyer:

seagulls after rain
or young Goths shaking
their handkerchief hands

to harden the varnish
on blackened nails.

And oh, Galway, my old friend,
if only tears would dry as quick

and the wounded heart harden.

Focaldeoch

(i gcuimhne Iain Mhic a' Ghobhainn)

Bhíos ag cur síos dó ar fhear Inis Cara
a chuir saothar seanaBhíobla ar fhocail,
a chuir turraing aibhléise
le huisinn na teanga
nó gur labhair an eitinn
is an Uimhir Dhé
ar leathscamhóg as béal a chéile.

Ag teacht thar reilig Uachtair Aird
bhí sruthán buí an phailin
ag déanamh meala ar uaigh de Bhailís,
an t-am ag scinneadh tharainn
ar luas gluaisteáin ón tSeapáin.
Bhí a chuimhne chosnocht á réabadh
ag clocha a sciobadh ó Theach na mBocht

agus fallaí fuara scoite aige cheana
ina cheann, dom thabhairt leis siar
leathchéad bliain go hOileán Leodhais
mar ar bhrúigh béal na baintrí
lus mínáireach an chromchinn faoi chois
chomh diongbháilte le téacs seanTiomna.

Chuir sí de gheasa air, dá mhéid a thart,
gan deoir a bhlaiseadh i gcroit ná i mbothán
mar a raibh fríd an ghalair á cuisniú
ag miasa is mugaí scoilte,
tinneas ina ráfla mailíseach
chomh huilechumhachtach dofheicthe
le hanáil Dé ar thairseach an tsaoil.

Gospel

(i.m. Iain Mac a' Ghobhainn)

I was telling him about the Inis Cara man
who put words to work like old Bible stories,
who sent electric shocks
through the temples of language
until TB and the binary number
spoke as one voice with damaged breath.

As we passed the cemetery at Uachtar Ard,
a yellow stream of pollen
honeyed the headstone of Colm de Bhailís
and time skidded past us
fast as a Japanese car.

His barefoot memories were gashed
by stones stolen from the poorhouse
as he hurdled walls in his head,
taking me with him fifty years back
to the Isle of Lewis
where the widow's words
trampled the brazen daffodil
with a certainty as staunch as scripture.

She made him promise, however thirsty,
to never touch a drop in any croft or cottage
where a hint of disease might lodge
in dishes or cracked mugs,
as sickness spread like a malicious rumour,
invisible and all-powerful
as God's breath on the threshold of the world.

Nuair a d'fhéachas anonn air
i suíochán an bháis lem ais,
bhí eascoin aibhléise ag glinniúint
ar bhais mo chomrádaí, a chraiceann
scoilte mar a bheadh mias athláimhe.
Lá brothaill, adúirt sé, i dtigh comharsan,
dhein cnaipe domlais dá chroí ina bhéal

nuair a chonaic frithchaitheamh
an amhrais ar a éadan féin
chomh soléir le teastas báis
ar aghaidh na mná cneasta
gur dhiúltaigh sé cupán bainne
a ghlacadh as a láimh.

Tá mo scornach ata
is mé ag triall arís
ar bhothán tite a dháin
ag súil go bhfaighead
i measc na ngréithre briste ann
blas éigin den uaisleacht chráite
ná maireann sa tsaol níos mó,
an soiscéal de réir Iain
a leigheasfadh mo thart.

When I looked over at him
electric eels were flashing
in my comrade's hands; his skin
crackled as a second-hand plate.

One sweltering day, he said, in a neighbour's house,
his heart turned to gall in his mouth
when he saw his doubt mirrored
clear as a death warrant
on the kind woman's face
as he refused a cup of milk from her hands.

My throat is swollen
as I make my way again
to the tumbledown cottage of his poem
hoping to find there
amid the broken crockery
a taste of the hurt and gentleness
no longer in this world,
the gospel according to Iain
that might cure my thirst.

Alba

Ní ghéillim dod bhás.

Ní fheicim an colm cré
san áit ar loiteadh an fód,

an rian a d'fhág tairní na cónra
ar ghuaillí do chairde,

an bháisteach dhubh
ar leiceann sneachta do mhná,

an meascán fola is uisce
i bhfocail chneasta an mhinistir

ag sileadh isteach sa pholl.
Níor ghéilleas dod bhás, a chara,

nó go bhfaca fíor na croise
ar chlár éadain do ghrá

is na fir chlis ag rince
os cionn Sabhal Mór Ostaig aréir

a chuir scian chomh géar
leis an mbrón ionam

díreach faoi bhun mo chroí.

Scotland

I don't believe you're dead.

Don't see the scar
where the earth was wounded,

the trace the coffin nails left
on the shoulders of your friends,

the rain black
on your wife's snow-white cheeks

the mixture of water and blood
in the minister's gentle words

spilling into the grave.
I didn't believe your death, my friend,

until I saw the sign of the cross
on the forehead of your beloved

as the northern lights danced
over Sabhal Mór Ostaig last night,

driving a knife as sharp
as grief inside me

just here below the heart.

An t-amhránaí

Is dóigh leis an mbeirt os mo chomhair
gur leosan amháin a labhrann

nuair a chanann a gholtraí ghrámhar
is fada le barra a méar

go mbeidh siad sa bhaile is cead
seanma ar a chéile acu go maidin.

Is ait le haonaráin is le hiarleannáin
go mbeadh fonn briste a gcroíthe ar bharr

a theanga ag fear nár casadh orthu cheana.
Nuair a bhuaileann na sreanganna síoda

a cheangail dá chéile an chéad lá riamh iad,
druideann an lánúin phósta dá mbuíochas

i leith a chéile. Nuair a chuimlíonn uillinn
a léine sin le gualainn a mhná, baineann

fear óg ar thaobh eile an tseomra
a gheansaí samhraidh do is iarrann

ar fhear an tí an teas a ísliú in ainm
dílis Dé. Guíonn an cailín a bhfuil áilleacht

an bhróin ina gnúis go mbeidh sé gan chéile
nó go bhfaighidh sé í. Tá an oíche á reabadh

ag foireann na gclog, scuaine scuadcharr,
otharcharr is inneall dóiteán ar a gcoimeád

The singer

These two here in front of me
think he's singing to only them

when he plays a loving lament,
their fingers ache to be home

where they can play on each
other till morning. The lonely

and the old flames are amazed
a man they've never met

has the broken tunes of their dreams
off by heart on the tip of his tongue.

When he touches the strings
that tied them together the first time

ever, the married couple in the corner
move closer in spite of themselves.

When the sleeve of the man's shirt
brushes his wife's shoulder, a young fella

at the other end of the room
takes off his summer jumper and asks the barman

to turn the heat down for God Almighty's sake.
The girl made lovely by sorrow prays

he'll never rest until he finds her.
Outside, a fleet of sirens storms the night,

ón tine nach féidir a mhúchadh
i gcuislí dóite na bhfear mór laistigh

atá mall chun na sochraide arís.
In aice an droichid, tá nodaireacht an uaignis

ar chuilithíní an aeir os a chionn léite go cruinn
ag an bhfear atá díreach tréis léimt.

Tá an t-uisce chomh mín le bráillín,
is tonn álainn an cheoil ina bhéal

á bhodhradh ar bhuaireamh an tsaoil.
Leanann an ceoltóir ag seinm

ar na sreanganna fola a shíneann ón gcroí
go dtí béal a ghiotáir. Tá a chaoineadh

chomh séimh le pluid na habhann
á tarraingt os ár gcionn go léir.

squadcars, ambulances and fire-brigades
running from the fire that can't be put out

in the smouldering hearts of the men inside
who are late again for the neverending funeral.

Beside the bridge, the morse code
of loneliness broadcast on flurries

of air is clear as day to the man
who has just jumped. The water is smooth

as a sheet and he is deaf to the world
as the music fills his mouth,

washing away a world of worries.
The singer keeps on strumming

the strings that stretch from the heart
to the mouth of his guitar.

His cry is soft as the river, a blanket of water
drawn up over all our sleepy heads.

Rory

(Halla na Cathrach, Corcaigh 1976)

Milliún mile siar uait
thiar i dtóin an halla,
bhí mo chroí ag bualadh
thiompán mo bhas,
an chruit im chuisle á míniú amach
idir t'ordóg is m'inchinn bhuailte,
gan nóta im cheann
ach an spionnadh a chuiris-se
le sreanganna in achrann.

B'ait liom go raghfá ag tincéireacht
mar sin ar bhuille scoir an tiúin
is tormán ár mbasbhualaidh
ag líonadh fé shála do lámh
a thug snámh smigín dom mhian
ag trácht ar uisce coipthe.

An é nár airís an tuile
ag líonadh ort, rabharta cos
a dhein bord loinge den urlár
i Halla na Cathrach
is ná líonfaidh feasta an poll
a d'fhágais ar ardán id dhiaidh?

An mbraitheann tú anois é,
ár ngile mhearluaimneach méar,
is solas na bhflaitheas
ag sluaistiú ciúnais
ar shúile an tslua

Rory

(Cork City Hall 1976)

A million miles away from you
right at the back of the hall
my heart was beating
the drums of my hands,
the knot in my veins unwinding
between your thumb and my beaten brain
and not a note in my head
only the grace-notes you picked
from tangled strings.

I couldn't work out
why you kept tinkering
with the end of the tune
while the waves of our applause
rose up under the heels of your hands
that kept my dreams afloat
as you walked the surging waters.

Did you really not hear
the tide coming in behind you,
the waves of pounding feet
that rocked the City Hall floor
until it rolled like the deck of a ship,
that will never fill the emptiness
you left behind you on stage?

Do you feel it now,
our swiftfingered brightness,
as the light of heaven
shovels silence
on the eyes of the crowd

atá buailte le stáitse
ag glaoch ar ais ort ón ndoircheacht:

Rory
Rory
Rory

An gcloiseann tú anois ár nguí?

pressed against the stage,
calling you back from the dark:

Rory
Rory
Rory

Now can you hear us pray?

An chéad uair

ó réab cloigín an dorais
cuirtín a shuain
ar éigin
is go mb'éigean dó
éirí
le tabhairt faoi
síos
i measc na scáil
is na gclog
nach gcodlaíonn
choíche,
ó d'fhág sé
an bhean teolaí
dar thug sé
grá gan stuaim
is go mb'éigean dó
ina dhiaidh sin
í a fhágaint
i gceantar na hanála
gan dua,
riamh is choíche
ó b'éigean dó seasamh
cosnocht
leis féin sa bhfuacht
ag éisteacht
le glór caoin
an tsagairt
á rá leis
i gcogar a raibh
cneastacht

The first time

from the moment
the doorbell
tore the curtain
of his sleep
forcing him
to get up
and go down
among the shadows
and the clocks
that never sleep,
from the moment
he left
the warm woman
to whom he gave
unreasonable love
and still
had to leave behind
in a world
where breathing
comes easy;
ever since
he had to stand
in bare feet
on his own
in the cold
listening
to the gentle voice
of the priest
telling him
in a whisper
shot through
with the kindness

na fearthainne tríd
gur éag an t-aon
a cheansaigh
a sceon
fadó
le focail chrosta
is lámh láidir
gan dochar,
ó réabadh
an fál paidreacha
is focal borb
grámhar
a bhí tógtha acu
eatarthu
ón dá thaobh,
fál gan téagar go haer
a thógadar idir iad
is uair seo
na hachainí,
níor chodail sé néal
socair,
níor tharraing anáil
go réidh
ar eagla go mbodhródh
fuadar a chuisle
is raisteacha briste
a bhéil é
ar inneall an ghluaisteáin
ag dul as sa tsráid
lasmuigh,
ar chasachtach mhín
an tsagairt
amuigh ar thairseach
an tsaoil,

of rain
that he was dead,
the one
who subdued his terror
long ago
with hard words
and strong hands
that meant no harm;
since the wall of prayers
and harsh lovewords
they had built
between them
from both sides
was levelled,
a useless wall
high as heaven
they had built
between them
and this moment,
he never slept
or breathed easy,
for fear
the roar of blood
and broken gusts
from his mouth
would drown out
the engine of the car
dying on the street
outside,
the gentle cough
of the priest
out there
on the threshold
of the world,

a mhéar bheannaithe
ag teacht
ar chloigín an dorais
ar ais

his holy finger
approaching
the doorbell
again

An chéad uair eile

sa samhradh féin ó shin
bíonn coinnle
cumhra
an bhróin
ar lasadh
in uaigneas a thí

ó leag an sagart
a chothrom féin
d'ualach an tsaoil
ar a ghualainn seang,
focail beaga
ba throime seacht n-uaire
ná Halla an Chontae
agus Bóthar na Laoi
in éineacht,
tá gach céim
dá shiúl
chomh trom
le ramhainn
tráthnóna fliuch
i mbaile an dá easpag

nuair a thagann sé anuas
chun a bhricfeast
seasann i leataobh
ón ngritheal,
a ghualainn
claonta
le cliathán an dorais

The next time

every summer since then
the scented candles
of sorrow
light
the loneliness
of his house

since the priest
placed his share
of the weight
of the world
on his narrow shoulders,
small words
seven times as heavy
as the County Hall
and the Lee Road
combined,
every step
he takes
is heavy
as a shovel
on a wet Sunday
in the town of the two bishops

when he comes down
to breakfast
he stands to one side
of the commotion,
his shoulder
leaning against
the open door

is an scáil
a d'fhág an chónra
ar a ghrua
ag ithe a cheannaithe
i gcónaí

tá cuimhne
an adhmaid ghreanta
mar a bheadh
rian veidhlín
lena ghiall,
a shúil lán
de sholas gan trócaire
an tsaoil eile

nuair a fhéachann sé
anuas orainn
go grámhar
níl teas
na coinnle féin
ina shúil marbh;
is ait leis
go mairimid

and the shadow
the coffin left
on his cheek
eating into his head

the memory
of the polished wood
is like the mark of a violin
under his chin,
his eyes full
of the merciless light
of the other side

when he looks
down on us
lovingly
there is less
than the heat
of a candle
in his dead eyes;
he is surprised
that we are still alive

Rothar mór an tsaoil

Bhíos-sa im shuí-
sheasamh,
sceabhach,
sa diallait ar éigin,
tóin le gaoth,
leis an saol leanbaí go léir
ba mhaith liom a fhágaint im dhiaidh,
chomh tuathalach
le lachain an Ríordánaigh,
tusa agus saothar ort
ag rith lem thaobh
sa tslí nach dtitfinn
i ndiaidh mo chinn.

(Ag cuimhneamh siar dom anois air,
is dóigh liom nár choinnigh tú
oiread is barr lúidín sa diallait
mar a gheall tú go sollúnta a dhéanamh,
gurb é mo chreideamh ionatsa amháin
a choinnigh slán sa tsiúl mé.)

Nuair a d'éirigh liom ar deireadh
an t-inneall místuama fém ghabhal
a thiomáint, leanas orm ag treabhadh
thonnta an aeir chomh fada uait
agus ab fhéidir liom dul.

Airím ó am go chéile
san aragal is sia isteach
in dhá chluais mo chuimhne
do ghlao giorranálach im dhiaidh
dom chur uait ar bhóthar casta an tsaoil:

Cycle

There I was
half sitt-
ing, half stand-
ing, sideways,
in the saddle, sort of,
backside to the wind,
to the whole childworld
I wished behind me,
clumsy as Ó Ríordáin's duck,
and you running,
breathless beside me
so I wouldn't fall
headfirst.

(If you ask me now,
I don't think you kept
even a fingertip on the saddle
as you crossed your heart to do;
the only thing that kept me from falling
was my complete faith in you.)

When I finally got the hang
of that awkward contraption
between my legs, I kept on
pedalling the air,
as far away from you
as I could get.

Now and again I hear
in the farthest corner of my memory
your laboured, loving, shout after me
sending me off on life's knotted road:

'Coinnigh ort, a bhuachaill, coinnigh ort,
is ar chraiceann do chluas,
ná féach id dhiaidh.
Ná féach id dhiaidh.'

Ná níor fhéachas.

An uair dheireanach,
creidim, ar imríodh
cleas sin an chreidimh orm.

'Keep going, boy, keep going,
and for the love of God,
don't look back.
Don't look back.'

And I didn't.

The last time,
I believe, I was tricked
into believing anything.

Setanta

Má leagaim méar
ar a riosta caol,
sobhriste mar chailc,
chomh mín le bais chamáin,
fiuchann a chuisle
le doighir teasa
a phléascfadh tunna uisce.

Fáisceann bruith fola
chomh tréan
le fonsa miotail
nó mórtas cine
ar a ghéaga linbh

seacht mbliana glan
ar a theacht in inmhe,
rómhaith d'aon fhear boilg.

Níl uaim ach a cheansú
is a chur chun suaimhnis.

Fágaim rian mo mhéar
ar chraiceann
chomh slim
leis an uisce fuar
a ritheann síos díom
sa bhfolcadán

blas an tsáile
is meáchain toinne
i ngach miondeor
atá ag gabháil
de dhoirne
gan éifeacht orm.

Setanta

If I so much
as lay a finger
on his wrist, slender
and breakable as chalk,
smooth as the *bas* of a hurley,
his blood boils
with incandescent heat
that would detonate
a barrel of ice.

Seething blood
clamps his body
fast as a metal hoop,
tight as kin,
seven years old
and already of age,
able for any *firbolg*.

I only want to calm,
to settle him down.

My fingers
leave their mark
on skin smooth
as cold water
running down me
in the shower,

the tang of salt
and weight of a wave
in every little drop
hitting me
with useless fists.

Nuair a bhuailim mo cheann
tré pholl fuinneoige sa tonn,
chun anáil a tharrac
is an gal a scaipeadh
dem chabhail riastartha,
pléascann farraige gloine
os mo chionn,
snáthaidí géara
codladh grifín
ag snámh
ar fud mo ghéag,
á róstadh le sioc
nó gur cuimse teas
is fuacht mo choirp

nach bhfuil uaidh
ach a cheansú
is a chur.

When my head
breaks a window
in the waves,
I can breathe again,
blowing steam
from my fuming body.
A sea of glass
shatters over my head,
the sharp prick
of needles
under my skin
burning like frostbite
until I am frozen fire,
scorched ice inside.

All he wants
is to quieten me,
to stop me dead.

An scéal go dtí seo

'Ach cad ina thaobh?'
adúradar, beirt as béal
a chéile, buachaillí beaga
a thuirsigh den leadradh
laethúil. 'Cad ina thaobh
nach féidir í a bhualadh?'

Bhí an fear ba bhuachaill
tráth ina sheasamh i ndoras
na cúirte – ní raibh ann
ach doras tí ó chianaibh –
a chuid focal chomh leathan
le leac anuas ó Chnoc Síóin.

Roimhe seo, bhí a bhriathar
chomh héadrom leis an luaith
nár throimide an t-aer í
le barr an toitín ina bhéal.

'Mar sin mar atá. Agus sin
a bhfuil ann dó.' Is d'iompaigh
ar a sháil ón amhras
a bhí greanta feasta ar aghaidh
gach duine den mbeirt.

The story so far

'But why?' they said,
with one voice, two
small boys who were
sick of their sister
beating the shit out of them.
'Why can't we hit her back?'

The man, who was
a boy once himself,
stood at the door of the court –
it was only a house
a minute ago – his words
as heavy as tablets of stone
from Mount Sion.

Up until now his words
had been light as the ash
that was lighter than the air
at the tip of his cigarette.

'Because that's why.
And that's all there is
to it.' And he turned
away from the doubt
that would be engraved
forever after on the faces
of the disbelieving boys.

Tá tinneas gur leasc liom
a ainmniú ag leadradh
mo dhearthár le tamall
is táimíd beirt – Taise
agus Trua ár sloinne ceart –
ag iomrascáil gan éifeacht leis.

Tá ár n-athair ina sheasamh
idir sinn is léas is an solas
ag dul as ar a chúl. Ní airím
ach anáil dhian mo chompánaigh
is an bhitseach ag fáisceadh
ar a scornach thirim.

Uair amháin eile sara ngéillim,
féachaim ar mo dhuine
atá thall sa doras gan focal
a rá. Is fada nár chuala
a ghlór uilechumhachtach
a cheartódh an saol dúinn.

There's a pain I can't name
beating my brother
this past while
and the two of us –
Pity and Mercy
are our real names –
are wrestling with her,
getting nowhere.

Our father is standing
between us and the light
dying behind him.
All I hear is the hard breath
of my buddy as the bitch
squeezes his dry throat.

One last time before I give in,
I look over at your man
standing there in the door,
saying nothing. It's a long time
since I've heard his omnipotent
voice setting our world to rights.

An péintéir

Níl beann agat ar dhia ná ar dhlí na fisice
ó chuais le healaín an bhogha bháistí

cuireann tú an saol sobhraite go léir ar gcúl
le hasarlaíocht apacailipteach do shúl.

An gliomach a fuairis i siopa an Atlantaigh
inné, tá sé chomh flannbhuí le gort oráistí

ó d'athraigh a nádúr in uisce fiuchta
do shamhlaíochta. Ó scaoil tú laincis

an dúchais dá chrúba néata, tá spúnóga
is sceana á gcnagadh aige ar chlár níocháin

na cisteanach is amhráin óil mairnéalaigh
ag doirteadh as béal na gcupán

ó níl aon chiall agat feasta don saol socair
seasta a d'ordaigh Descartes is Isaac Newton.

Tá gach ball éadaigh sa tigh
loiscthe ag caoineadh an tseaniarainn

ó dúirt do láimh leis ar maidin
gur bád é le ceart a bhfuil dealramh

ina chruth aige le hathair na long.
Tá gaoth ina sheol ó shin ag dul siar

thar sunda an ama le lasta síoda
is óir d'iníon Ghráinne Uí Mháille.

The painter

Now that you've taken to the art of rainbows,
you're indifferent to God and the laws of physics,

obliterating the real world completely
with the apocalyptic sorcery of your eyes.

The lobster you found yesterday in the Atlantic
Shop glows like a field of oranges

since you altered his nature in the boiling water
of your imagination. Since you freed his neat claws

from the hobbles of destiny, he clatters knives and spoons
on the draining-board, pouring sea-shanties

from the mouths of cups; and you have no respect now
for the orderly world of Descartes and Isaac Newton.

Every stitch of clothes in the house
is scorched by the tears of the old flat-iron

since your hand informed her this morning
she's a river-boat by rights,

the spitting image of the father
of all ships. There's wind in her sail

since then as she crosses the sound of time
cargoed in silk and gold

for the daughter of Grace O'Malley;
and you don't give a toss for the laws of the universe

Is is cuma leat anois faoi dhlí an dúlra
a chum Galileo is Stephen J. Hawking

in éineacht. Deir tú gur mhaith leat
mo phictiúr a tharraingt is rithim amach

go dtí an gairdín cúil atá curtha
faoi loch agat ó bhíos amuigh cheana.

Tá caoineadh an nadúir chomh domhain
le dordveidhlín ghrinneall na mara im chluais

is mé ag dul faoi; díreach sara gcaochann
an ghrian orm, chím a bhfuil fanta den tsolas

ag sileadh ó rinn na scuaibe id láimh
is mo shamhail greanta go deo ar chanbhás

do mhac imrisc. Ní rabhas riamh chomh briste
lem bheo, ná leath chomh hálainn leis sin.

laid down by Galileo and Stephen J. Hawking.
You say you want to paint my picture

and I run out to the back-garden
that you've turned into a lake

since I was last outside. The submerged keen
of the world is deep as a cello

on the ocean-floor and I'm sinking fast.
Before the sun winks at me for the last time,

I see what's left of the light trickle
from the tip of the brush in your hand

and glimpse my true colours caught
for all eternity on the canvas of your pupil;

I was never in my life so broken
or half as beautiful as that.

Marmalade

Bainim a chaipín
den bpróca subh oráiste

is líonann an mhaidin
de bholadh searbh

(ní hea, milis) Algiers,
Morocco, Seville,

mar a bhfuil buamaí cumhra
crochta ar ghéaga na gcrann.

Nuair a phléascann
ar an dtalamh bán

(na cinn a bhfuil rian
fola tríothu is deise liom)

loisctear an t-aer mórthimpeall
le gleo réabhlóide

is margaí sráide
in áiteanna ná rabhas riamh

ach gur cuimhin
lem shrón ar a shonsan

a mboladh searbh
(ní hea, milis).

Marmalade

I open the jar
of marmalade

and morning fills
with the bitter

(no, sweet) taste
of Algiers, Morocco, Seville,

where fragrant bombs hang
from tree branches.

When they burst
on the bare ground

(I like the ones
with blood in them best)

the air is scorched all around
with the noise of revolution

and street markets
in places I've never been

but still my nose
remembers

their bitter
(no, sweet) smell.

Nuair a fhillim
ar an gcistin

traochta ag m'aistear
thar teorainn na gcéadfaí,

mo thrua do cheann bocht,
arsa tusa, agus pus ort,

i siopa an bhúistéara
a cheannaíos na horáistí inné

agus mise mé fhéin
a dhein do chuid marmalade

milis agus searbh
mar is maith leat é.

Go díreach adeirimse,
agus buamaí cumhra

do cholainne ag loisceadh
an aeir im thimpeall.

Tá an réabhlóid tosnaithe cheana
i margadh sráide

mo chroí, díreach in aice
le seastán na n-oráistí.

When I return
to the kitchen,

worn out from wandering
beyond the borders of the senses,

get real, you say,
frowning,

I bought those oranges
yesterday, in the butcher's

and it was I who made
your marmalade,

bittersweet,
the way you like it.

Exactly, I say,
as your body's fragrance

detonates, burning
the air all around me.

The riot has already started
in the street market

of my heart, just there
beside the stall of oranges.

Seandálaíocht

Chuimil a láimh
le cupán m'uilleann ar éigin,
tadhall chomh séimh
– níos séimhe ná sin –
le corraíl an aeir
á bhrú i leataoibh
ag siúl éasca a cabhla
is í ag teacht i dtír
ó bháidín dúr MacBrayne.

D'fhág ar a shonsan a lorg
mar an Lochlannach fir
a d'fhág a mharc
sa chré shíoraí
ag áth na gcliath,
cosán ómra
ón gceardlann mhiotail
go dteach an adhaltranais,
áit ná maireann iarsma
de mhian an duine
tar éis a bháis gan aird.

Má bhaintear an chré
de linn dhubh mo chroí,
laistíos d'oifigí an Bhardais,
faoi cheolteach Handel
is na tithe móra go léir,
thíos faoin seamlas bréan
is fothraigh na mbothán dóibe,

Archaeology

The tip of her finger
barely brushed my elbow,
a touch as soft – no,
softer than that –
as the air stirred
by her easy walk
down the wooden gangway
of MacBrayne's joyless ferry

Yet she left her mark,
like the Viking
whose footprint remains
in the unforgetting earth
at the Ford of Hurdles,
an amber path
from the metal workshop
to the adulterer's house,
where no trace of man
or woman remains
after each little death.

If the ground were dug up now
around the black pool of my heart
below the Corporation buildings,
under Handel's concert hall
and the ascendancy mansions,
right down beneath the foul shambles
and the ruined mud-houses,

gheofar cuar ómra
a coise boinn ag siúl,
bróga sálarda ag dul
thar a chéile ina láimh,
a gáire chomh lonrach sa tsráid
le dath na gréine ar a héadan
– níos gile ná sin, a dhuine –
nuair a chuimil a méar
le faobhar m'uilleann
ar éigin is í ag imeacht
gan deifir i dtír
ó longphort ceangailte
mo chroí, míle bliain
is an oíche aréir.

they'd find the amber arch
of her instep still walking there,
high-heeled shoes confused in her hands,
her laughter in the street as bright – no,
brighter than that – as the sun
on her face when she barely
brushed my elbow as she went
her way slowly from the moored
longship of my heart
a thousand years ago last night.

MIX
Paper from
responsible sources
FSC® C007785
FSC
www.fsc.org